Abir KHALDI

DevOps para principiantes

Abir KHALDI

DevOps para principiantes

Cursos práticos e workshops

ScienciaScripts

Imprint

Any brand names and product names mentioned in this book are subject to trademark, brand or patent protection and are trademarks or registered trademarks of their respective holders. The use of brand names, product names, common names, trade names, product descriptions etc. even without a particular marking in this work is in no way to be construed to mean that such names may be regarded as unrestricted in respect of trademark and brand protection legislation and could thus be used by anyone.

Cover image: www.ingimage.com

This book is a translation from the original published under ISBN 978-3-8416-3786-4.

Publisher:
Sciencia Scripts
is a trademark of
Dodo Books Indian Ocean Ltd. and OmniScriptum S.R.L publishing group

120 High Road, East Finchley, London, N2 9ED, United Kingdom
Str. Armeneasca 28/1, office 1, Chisinau MD-2012, Republic of Moldova, Europe
Printed at: see last page
ISBN: 978-620-8-21257-5

Conteúdo

Introdução

DevOps, abreviatura de "desenvolvimento" e "operações", tornou-se um termo omnipresente, frequentemente citado mas por vezes mal compreendido. Embora muitos falem sobre ele, poucos compreendem realmente a sua profundidade. Na realidade, o DevOps baseia-se nos princípios Lean e Agile, com ênfase na colaboração entre as equipas comerciais, de desenvolvimento, de operações e de garantia de qualidade. O objetivo central é permitir a entrega contínua de software, de modo a responder mais rapidamente às oportunidades de mercado e a integrar melhor o feedback dos utilizadores.

Os sistemas de informação das empresas estão a tornar-se cada vez mais complexos, integrando uma vasta gama de tecnologias, bases de dados e ambientes de utilizadores. Esta complexidade crescente só pode ser gerida eficazmente através de uma abordagem DevOps. No entanto, a definição e a interpretação de DevOps variam de um ponto de vista para outro. Alguns vêem-na como uma metodologia reservada a especialistas técnicos, enquanto outros associam esta abordagem principalmente à adoção da Nuvem.

Outros ainda consideram que o DevOps vai muito além dos serviços técnicos e estabeleceu-se como uma verdadeira abordagem empresarial. Trata-se de um método de entrega de software que se encarrega de cada função, desde a sua conceção inicial até ao seu lançamento, ao mesmo tempo que fornece um valor tangível aos utilizadores finais. Para ser bem sucedida, esta abordagem requer a participação ativa de todas as partes interessadas: não só as equipas de desenvolvimento e de operações, mas também os utilizadores, os gestores de linha de negócio, os parceiros e os fornecedores. Uma verdadeira cultura DevOps abrange toda a organização, ultrapassando as fronteiras tradicionais dos departamentos técnicos.

Sobre este livro

Este livro foi concebido para lhe dar uma visão aprofundada do DevOps, abrangendo os seus conceitos-chave, bem como as tecnologias que o suportam. Combina explicações claras com workshops práticos para reforçar as suas competências teóricas e técnicas. Descobrirá as etapas e ferramentas essenciais para implementar uma abordagem DevOps eficaz, adaptada às necessidades do mercado atual. Graças aos exercícios práticos, terá a oportunidade de pôr em prática os seus conhecimentos e dominar os métodos essenciais neste mundo em constante mudança.

A quem se destina este livro

Este livro destina-se a principiantes, profissionais que procuram melhorar as suas competências e estudantes de tecnologias de informação. Quer esteja a iniciar a sua carreira, a mudar de carreira ou já tenha alguma experiência, este livro guiá-lo-á passo a passo, com exemplos concretos e workshops práticos, para o ajudar a dominar os princípios e as ferramentas do DevOps. Foi concebido para aqueles que querem evoluir num ambiente em constante mudança e melhorar a sua capacidade de responder rapidamente às necessidades do mercado.

Organização do trabalho

Este livro está estruturado de forma a proporcionar-lhe uma compreensão progressiva e completa do DevOps, alternando entre teoria e prática.

Chapitre 1   *Princípios do movimento DevOps*

Este primeiro capítulo apresenta os princípios fundamentais do DevOps, explorando as suas origens, objectivos e impacto nas práticas operacionais e de desenvolvimento. Irá descobrir como este método facilita a colaboração eficaz entre equipas para a entrega contínua de software.

Chapitre 2   ***Gestão de fontes***

O segundo capítulo centra-se na gestão das versões e das fontes, um aspeto crucial para garantir a coerência e a rastreabilidade dos desenvolvimentos. Discute as melhores práticas e as ferramentas associadas, ao mesmo tempo que fornece exercícios práticos para a aplicação destes conceitos.

Chapitre 3   ***Ferramentas de construção***

Neste capítulo, veremos as ferramentas de compilação que são essenciais para automatizar a compilação e a implantação de aplicativos. Aprenderá a configurar e a utilizar estas ferramentas para otimizar os seus processos de compilação, com workshops práticos para reforçar a sua compreensão.

Chapitre 4   ***Contentores com o Docker***

O quarto capítulo é dedicado aos contentores, com destaque para o Docker. Descobrirá como o Docker simplifica a gestão de ambientes de implementação e como o integrar nos seus fluxos de trabalho DevOps. Exemplos práticos ajudá-lo-ão a dominar a utilização de contentores.

Chapitre 5   ***: Jenkins***

Por fim, o quinto capítulo aborda o Jenkins, uma ferramenta clb para integração contínua e implantação contínua. Aprenderá a configurar e utilizar o Jenkins para automatizar os seus pipelines de implementação, com exercícios práticos para pôr em prática as suas novas competências.

Cada capítulo combina explicações teóricas com workshops práticos, permitindo-lhe desenvolver competências concretas enquanto consolida os seus conhecimentos teóricos. Esta alternância entre teoria e prática foi concebida para o preparar eficazmente para aplicar os conceitos DevOps em ambientes reais.

Princípios do movimento DevOps

Introdução

Em 2024, o DevOps continua a redefinir o panorama tecnológico, com números impressionantes que atestam o seu impacto e a sua crescente adoção. De acordo com o relatório "State of DevOps Report 2024" da Puppet, as organizações que adotam o DevOps registam uma melhoria significativa no seu desempenho. Em particular, estas empresas apresentam uma frequência de implementação 46 vezes superior e uma taxa de sucesso de implementação 2,6 vezes superior à das empresas não adotantes. Além disso, estas organizações reduzem os seus tempos de ciclo de entrega em 50%, o que lhes permite reagir mais rapidamente às necessidades do mercado.

O "Global DevOps Market Report 2024" da MarketsandMarkets indica que o mercado DevOps está avaliado em cerca de 20 mil milhões de dólares em 2024, com um crescimento previsto de 22% por ano até 2028. Este rápido crescimento deve-se em grande parte ao aumento da procura de soluções que permitam a entrega contínua de software e uma melhor colaboração entre as equipas de desenvolvimento e operações.

Em termos de ferramentas, o Docker é atualmente utilizado por 70% das empresas da Fortune 500 para gerir contentores, tornando as aplicações mais portáteis e escaláveis. **O Jenkins**, uma das ferramentas de integração contínua mais utilizadas, é implementado por 55% das grandes empresas para automatizar os seus pipelines de implementação, ajudando a reduzir os erros e a acelerar os ciclos de desenvolvimento.

Os números actuais demonstram claramente que as práticas DevOps já não são uma opção, mas uma necessidade para as empresas que procuram manter uma vantagem competitiva num mercado tecnológico em constante evolução. A crescente adoção destas práticas e ferramentas é testemunho do seu valor na otimização dos processos de desenvolvimento e implementação de software.

O método DevOps

O termo DevOps foi utilizado pela primeira vez por Patrick Debois e Andrew Shafer durante a sua conferência "Agile Infrastructure" na Agile Toronto Conference de 2008.

O DevOps é um movimento e uma abordagem que favorece a colaboração estreita entre as equipas de desenvolvimento (Dev) e de operações (Ops) para todas as soluções informáticas. O objetivo é melhorar a qualidade do trabalho e a relação entre estas duas equipas, cada uma com a sua própria visão para alcançar a satisfação do cliente. Estas práticas permitem que as aplicações sejam desenvolvidas, testadas e entregues mais rapidamente e com maior fiabilidade.

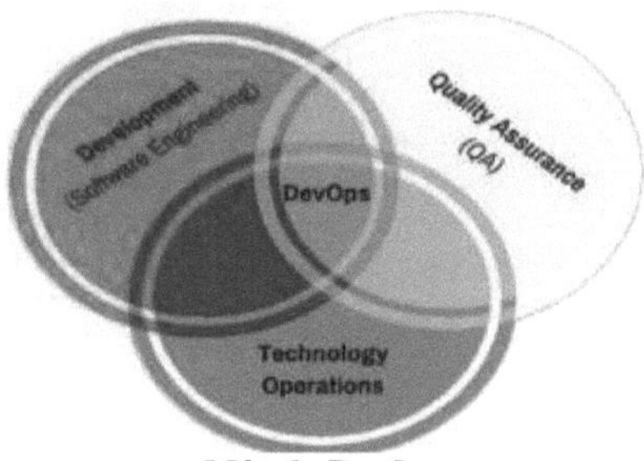

- **Método DevOps -**

Relação entre Dev e Ops

A colaboração entre as equipas de desenvolvimento (Dev) e de operações (Ops) é essencial para o sucesso num ambiente DevOps.

As equipas de desenvolvimento, constituídas por programadores de software, concentram-se na criação e melhoria de aplicações. São responsáveis pela escrita de código, pelo desenvolvimento de novas funcionalidades e pela resolução de bugs.

Ao mesmo tempo, as equipas de operações, responsáveis pela colocação dos produtos em produção, asseguram a implementação, a gestão e a manutenção das aplicações em produção. O seu papel inclui a gestão das infra-estruturas, a monitorização dos sistemas e a garantia da disponibilidade e do desempenho das aplicações.

Ao adotar uma abordagem DevOps, estas duas equipas trabalham em conjunto de uma forma mais integrada, partilhando objectivos e responsabilidades comuns ao longo do ciclo de vida da aplicação. Esta sinergia não só acelera os ciclos de desenvolvimento e implementação, como também melhora a estabilidade e a qualidade do produto, respondendo mais eficazmente às necessidades dos utilizadores finais.

- **Relação entre Dev e Ops -**

O antagonismo entre as equipas de desenvolvimento (Dev) e de operações (Ops) é frequentemente marcado por objectivos por vezes divergentes.

As equipas de desenvolvimento pretendem fazer alterações ao menor custo possível e no menor tempo possível, procurando introduzir rapidamente novas funcionalidades e resolver problemas de uma forma ágil.

As equipas de operações, por outro lado, concentram-se na estabilidade do sistema e na qualidade das operações, garantindo que as aplicações implementadas são fiáveis, têm um elevado desempenho e estão continuamente disponíveis. Esta tensão entre a rápida implementação e a necessidade de manter uma elevada qualidade e estabilidade pode criar fricções. No entanto, a abordagem DevOps procura atenuar estes conflitos, incentivando uma colaboração mais estreita entre as duas equipas, alinhando os seus objectivos para equilibrar a velocidade da inovação e a estabilidade operacional.

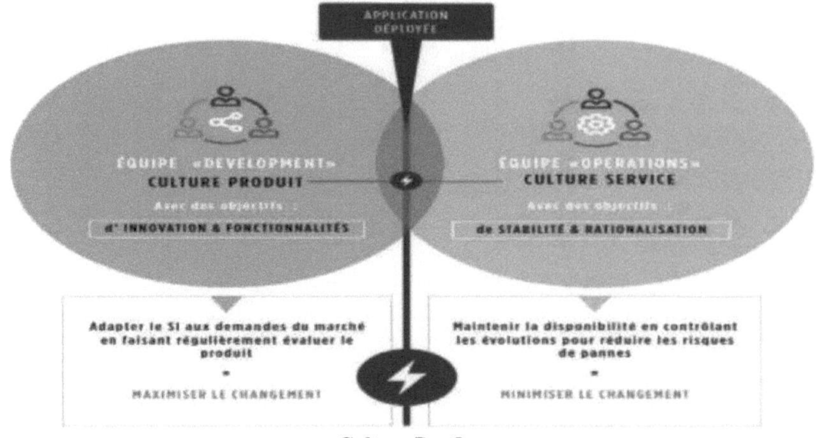

- Cultura DevOps -

Agile vs DevOps

■ Os métodos ágeis baseiam-se no pragmatismo e no desenvolvimento iterativo. Definem um quadro menos rígido do que os métodos tradicionais.

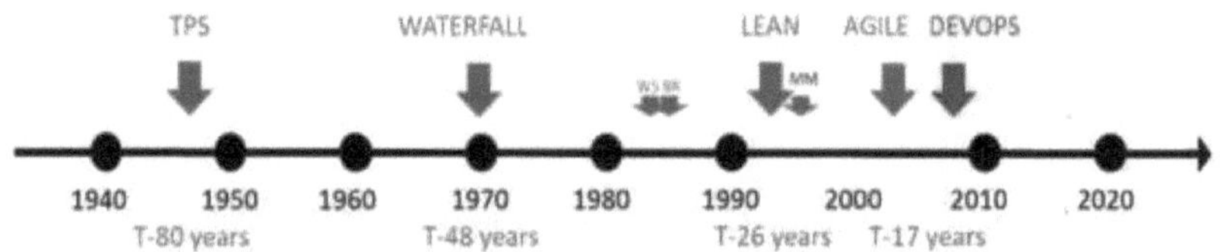

■ O método ágil também recomenda ciclos de desenvolvimento de software mais curtos, ao contrário dos métodos tradicionais "em cascata".

■ A metodologia ágil reduz o risco, repetindo ciclos mais curtos de conceção, codificação e teste que podem resolver quaisquer surpresas e corrigir o projeto em curso o mais cedo possível.

■ Numerosas abordagens **DevOps**, nomeadamente **Scrum** e **Kanban**, que incorporam elementos de

programação ágil.

■ No método ágil, **a implementação em produção** ocorre sempre **no final** do projeto. Isto explica a falta de colaboração entre as duas equipas, a dos programadores e a das operações.

■ No método DevOps, o trabalho da equipa de desenvolvimento não termina quando é lançada uma nova versão (ou correção de erros) da aplicação. Têm também de trabalhar com a equipa de operações para testar, implementar e medir o seu indicador-chave de desempenho (KPI).

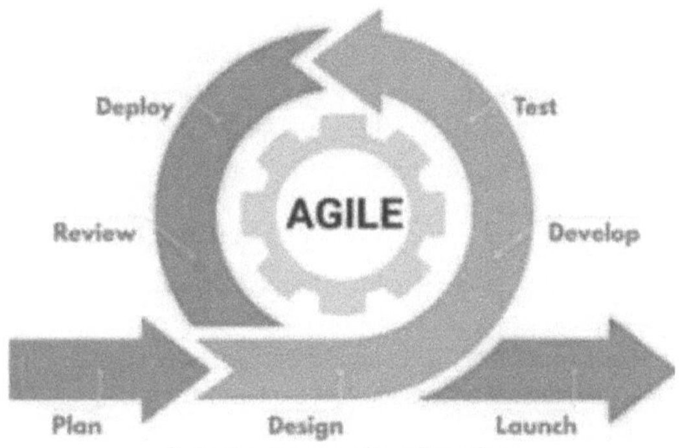

- Relação entre Agile e Dev Ops -

DevOps - Como funciona

■ A abordagem *DevOps* visa conciliar as duas equipas, Dev e Ops, criando uma cultura de **colaboração** baseada em objectivos e projectos partilhados e na criação de valor.

■ Princípios DevOps (**CALMS**) :

Cultura: Compreender e melhorar os valores e as atitudes do ambiente empresarial ao serviço do desenvolvimento.

Automatização: Tudo o que pode ser **automatizado** deve sê-lo.

Lean: Poupança **de custos** e eliminação de recursos desnecessários.

Medida: Localizar rapidamente erros de software e analisar o comportamento dos utilizadores através da implementação de sistemas de feedback de informação.

Partilha : Partilha e comunicação entre equipas.

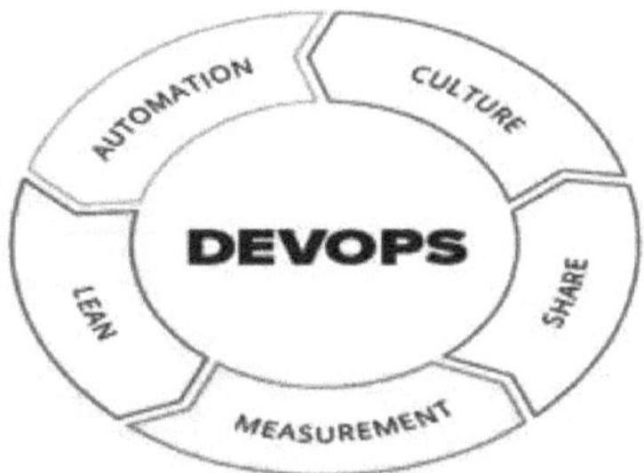

- Princípio DevOps -

Benefícios do DevOps

■ *Aceleração dos ciclos de desenvolvimento*

o O DevOps reduz o tempo de comercialização dos produtos através de uma maior automatização e de uma melhor colaboração entre as equipas de desenvolvimento e de operações.

■ *Melhorar a qualidade do software*

o As práticas DevOps incentivam o teste e a integração contínuos, o que leva à deteção precoce de erros e à melhoria da qualidade do código.

■ *Implantações mais frequentes*

o Com ferramentas como a integração contínua e a implementação contínua, o DevOps facilita implementações mais frequentes e fiáveis, permitindo actualizações regulares e melhorias contínuas.

■ *Redução de custos*

o A automatização dos processos de desenvolvimento, teste e implementação reduz os custos associados a erros humanos e a atrasos, optimizando simultaneamente os recursos.

■ *Melhor colaboração e comunicação*

o O DevOps promove uma cultura de colaboração entre as equipas de desenvolvimento e de operações, melhorando a comunicação, reduzindo o atrito e alinhando os objectivos.

■ *Reduzir o tempo de recuperação*

o No caso de uma falha ou problema, as práticas DevOps permitem uma resposta rápida e uma resolução eficaz de incidentes, reduzindo o tempo de inatividade da aplicação.

■ *Escalabilidade e flexibilidade*

o A utilização de contentores e de ferramentas de orquestração permite uma melhor gestão dos ambientes, facilitando a escalabilidade e a adaptação à evolução das necessidades dos utilizadores.

■ *Melhor visibilidade e controlo*

o As ferramentas DevOps proporcionam uma maior visibilidade do processo de desenvolvimento e implementação, permitindo a monitorização em tempo real do desempenho e dos incidentes.

■ *Aumento da satisfação do cliente*

o Ao acelerar o ciclo de vida das aplicações e ao responder rapidamente ao feedback dos utilizadores, o DevOps contribui para uma maior satisfação dos clientes e para uma rápida adaptação às exigências do mercado.

■ *Inovação contínua*

o A implementação do DevOps incentiva uma cultura de inovação, permitindo que as equipas testem e implementem rapidamente novas ideias e funcionalidades.

Estes benefícios mostram como o DevOps pode transformar os processos de desenvolvimento de software e melhorar a eficiência global das operações de TI.

Pipeline de CI/CD

Um pipeline CI/CD (Continuous Integration/Continuous Deployment) é um conjunto de processos automatizados que permitem gerir eficazmente o ciclo de vida do desenvolvimento de software, desde a escrita do código até à implementação em produção. A integração contínua (CI) envolve a automatização da fusão do código desenvolvido por diferentes membros da equipa num repositório central várias vezes por dia. Cada integração desencadeia testes automatizados para verificar a qualidade e a funcionalidade do código, permitindo a deteção rápida de erros e a manutenção de uma base de código estável. A Implementação Contínua (CD) assume o controlo, automatizando a entrega de código válido para ambientes de produção ou pré-produção. Isto permite a implementação de actualizações frequentes e fiáveis com um mínimo de intervenção manual. Em conjunto, a CI/CD reduz o tempo entre o desenvolvimento de novas funcionalidades e o seu lançamento em produção, melhora a qualidade do software através de testes contínuos e garante uma resposta rápida às necessidades do mercado, minimizando os riscos associados à implementação.

Integração contínua (CI)

■ *ESTA* é uma prática que permite que o código seja integrado com outros programadores

■ Na maioria das vezes, a integração do código destina-se a verificar se a fase de construção continua a ser funcional.

■ Uma prática comum é também verificar se os testes unitários (fase de testes unitários) continuam a ser funcionais.

■ O objetivo do pipeline *de CI* é construir um **pacote** que possa depois ser implementado.

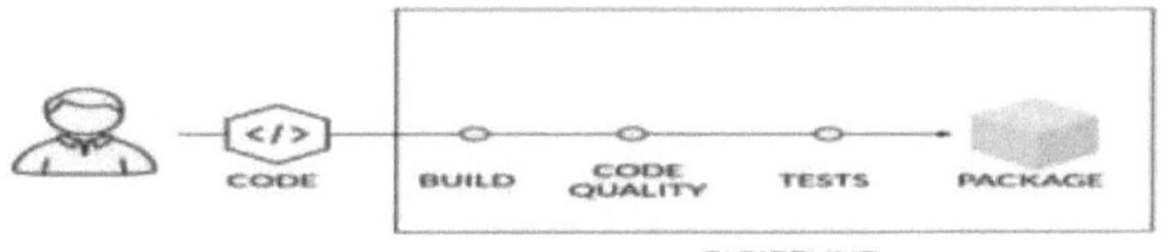

Entrega Contínua (CD)

■　É uma extensão da integração contínua

■　O objetivo do CD é pegar no pacote criado pelo pipeline CI e testar a sua implementação num **ambiente de teste (REVIEW e STAGING).**

■　Adicionando esta fase de pré-produção e executando certos testes, podemos executar diferentes tipos de testes que requerem a resposta de todo o sistema (geralmente conhecidos como testes de aceitação).

■　A fase de implementação de produção (STAGE DEPLOY) é lançada **manualmente** se, e apenas se, o pacote tiver passado com sucesso por todas as fases anteriores.

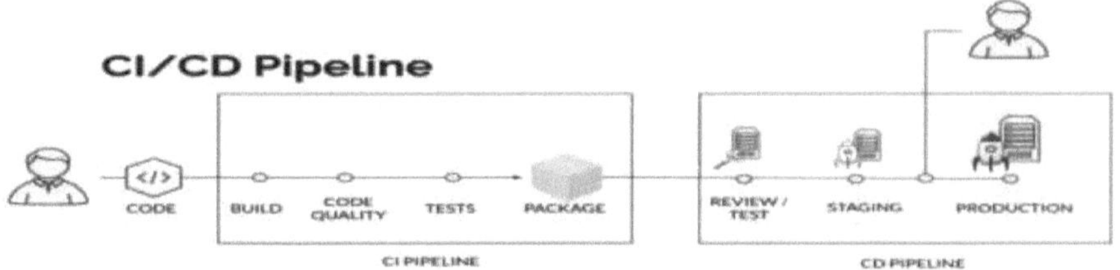

Implantação contínua (CD)

■　A implantação contínua é a prática de automatizar totalmente todos os processos de pipeline CI/CD num ambiente **de produção.**

■　O pacote deve passar primeiro por todas as fases anteriores com êxito

■　Não é necessária qualquer intervenção manual: **o sistema automaticamente**

***Integração Contínua e Entrega Contínua* (CI/CD)**

A integração contínua será efectuada em 5 fases:

1.　**Planear** o seu desenvolvimento.
2.　**Compilar** e integrar o seu código.
3.　**Teste** o seu código.
4.　Medir a **qualidade** do seu código.
5.　Gerir os **resultados** da sua aplicação.

Para configurar **a entrega contínua**, é necessário implementar **5 passos:**

1.　Codificação da infraestrutura com a **infraestrutura como código.**
2.　Implementar a sua aplicação.
3.　**Testar** a sua aplicação num ambiente de teste.
4.　**Controlo** da aplicação.
5.　Configurar **notificações** de alerta.

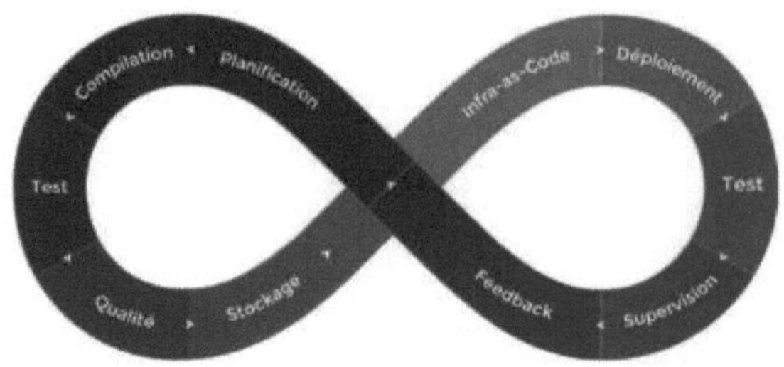

- Ciclo DevOps -

Infraestrutura como código

■ A infraestrutura como código, IaC, é um tipo de infraestrutura de TI que as equipas de operações podem **gerir** e **fornecer automaticamente** através de código, em vez de utilizarem um processo manual ou interativo.

■ A infraestrutura como código é por vezes referida como infraestrutura **programável**.

■ A LaC oferece muitas vantagens em relação ao aprovisionamento manual: pode ser controlada, testada em versões e conduz a um aprovisionamento e entrega de software mais rápidos.

Ferramentas de IC

■ **Planeamento:** Para colaborar com as suas equipas, pode utilizar o **Jira**, o **GitLab**, o **Confluence**, o ALM Octane ou o Pivotal Tracker.

■ **Controlo do código-fonte: Git, Subversion, GitHub, GitLab**, Perforce e **Bitbucket** são as ferramentas de controlo da fonte.

■ **O orquestrador:** Pode orquestrar as fases da sua integração contínua utilizando ferramentas como **Jenkins**, TeamCity, Azure DevOps, **GitLab CI**, Concours CI, Travis CI ou **Bamboo**.

■ **Compilação:** Pode compilar o seu código com **Maven, Ant, Gradle**, MSBuild, NAnt, Gulp ou Grunt.

■ **Testar o código:** Para implementar e executar os seus testes unitários, encontrará ferramentas como o **JUnit**, o NUnit e o XUnit.

■ **Medição da qualidade do código:** A qualidade do código pode ser avaliada utilizando o **SonarQube**, o Cast ou o GitLab Code Quality.

■ **Gerir os resultados da aplicação:** Os artefactos podem ser disponibilizados através do **Nexus, Artifactory, repositório GitLab**, Quay, Docker Hub.

Ferramentas de CD

■ **Codificar a infraestrutura com Infraestrutura como Código:** As principais ferramentas de Infraestrutura como Código são **Docker, Chef, Puppet, Ansible** e **Terraform**.

■ **Implantar a aplicação:** para implantar os artefactos criados anteriormente, pode utilizar o **Spinnaker**, o **XLDeploy** ou o **UrbanCode**.

■ **Teste a sua aplicação:**

■ **Teste de aceitação:** pode utilizar o **Confluence**, o **FitNesse** ou o **Ranorex**.

■ **Teste de desempenho:** pode utilizar o **JMeter**, o **Apache Bench** ou o **Gatling**.

■ **Teste de fumaça:** pode utilizar o **Selenium**, o **SoapUI** ou o **Cypress** para verificar se a aplicação está a funcionar corretamente.

Monitorização do comportamento das aplicações: para monitorizar as suas aplicações, pode utilizar o conjunto **Elastic, Prometheus** ou **Graylog**.

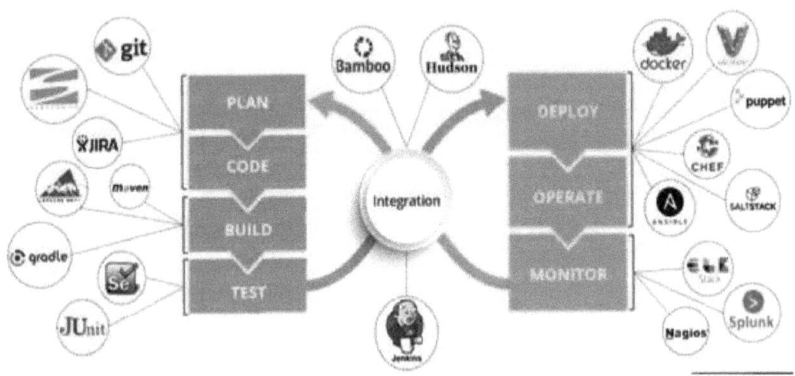

- Ferramentas DevOps -

Gestão de fontes

Controlo de versões

■ O Controlo de Versões (*VC*), também conhecido como Controlo de Revisões (RC), é a prática de rastrear e gerir alterações ou modificações ao código fonte.

■ Um programador pode propor várias revisões por dia

■ Para cada projeto de TI, é necessária uma **estratégia de cópia de segurança**

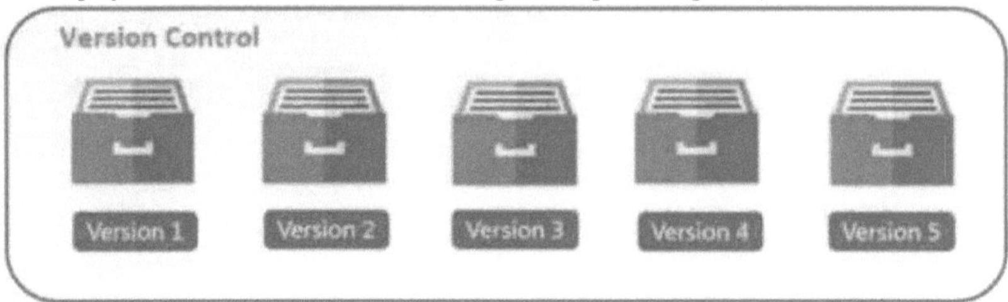

Sistemas de gestão do controlo do código-fonte (SCMS)

■ Os sistemas de gestão do controlo do código-fonte (SCMS) fornecem um **historial contínuo** do desenvolvimento do código e ajudam a **resolver conflitos** ao fundir contribuições de várias fontes.

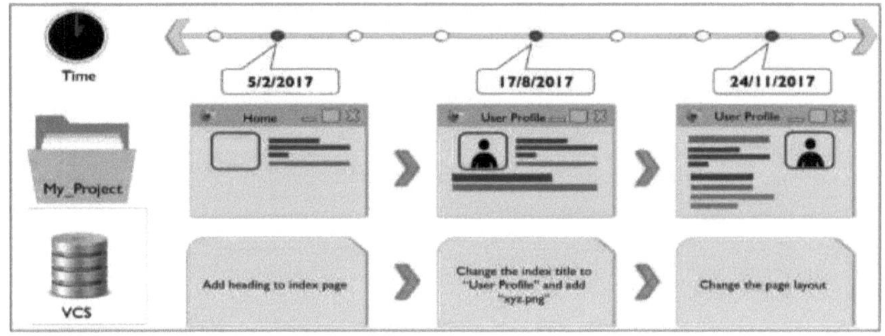

■ O software *SCM* é por vezes designado por :

■ Sistema de controlo de versões (VCS)

■ Sistema de gestão do código fonte (SCMS)

■ Sistema de controlo de revisões (RCS)

Tipos de sistemas de gestão do controlo do código-fonte (SCMS)

Existem dois modelos de controlo de versões:

Modelo centralizado: o código de software é gerido por um servidor central.

Exemplos: SVN, CVS

Modelo distribuído: todos os programadores têm acesso ao código sem passar por um servidor.

Exemplos: Git, Mercurial, Bazaar

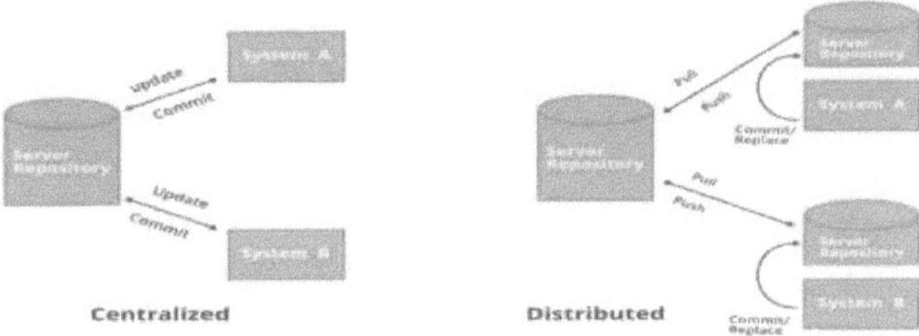

GIT

Apresentação

O Git é um sistema de gestão de versões distribuído, criado por Linus Torvalds em 2005, utilizado principalmente para o desenvolvimento de software. Ao contrário dos sistemas de gestão de versões centralizados, o Git permite que cada programador trabalhe numa cópia completa do repositório, incluindo o histórico completo do projeto.

Esta abordagem descentralizada facilita a colaboração entre equipas, melhora a flexibilidade e garante a segurança dos dados, permitindo operações offline e oferecendo mecanismos poderosos para gerir sucursais e fusões.

O Git tornou-se uma ferramenta essencial para o controlo de versões de código, com uma adoção generalizada na indústria de desenvolvimento de software.

Conceitos-chave do Git

1. Diretório de trabalho

O diretório de trabalho é o local onde os ficheiros do projeto são armazenados na sua máquina local. É aqui que faz as suas alterações e onde os ficheiros são visíveis e editáveis. As alterações feitas no diretório de trabalho ainda não são guardadas no Git até serem adicionadas à área de preparação.

2. Área de preparação

A área de preparação, ou índice, é uma área intermëdiária onde coloca as alterações que pretende incluir no próximo commit. Quando usa o comando 'git add', prepara os ficheiros modificados para o commit, plagiando-os na área de staging. Isto permite-lhe agrupar as alterações e guardá-las numa única opëração cohërente.

3. Repositório local (Dëp6t Local)

O dëp6t local é onde o Git armazena as versões do seu projeto. Ele contém o histórico completo de commits, incluindo branches e tags. Quando você faz um commit, o Git salva as alterações da área de preparação no dëp6t local. Isto permite-lhe reverter para versões anteriores do projeto, se necessário.

4. Repositório remoto

O repositório remoto é uma versão do repositório local armazenada num servidor externo, muitas vezes alojado em plataformas como o GitHub, o GitLab ou o Bitbucket. Permite que vários programadores trabalhem em conjunto, sincronizando as alterações através dos comandos "git push" e "git pull".

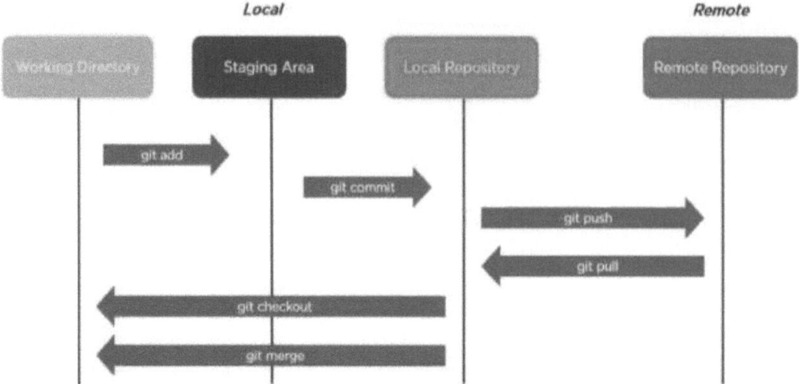

Passos do Git

1. Inicialização do depósito

- Criar um novo repositório Git ou converter um diretório existente num repositório Git.
- Comando: **git init**
- Exemplo: **git init** cria um novo repositório Git no diretório atual.

2. Clonagem do depósito

- Clone um dëp6t remoto para obter uma cópia local completa do projeto.
- Comando: **git clone [URL]**
- Exemplo: **git clone** https://github.com/username/repository.git copia o d6pot remoto para a sua máquina local.

3. Gestão da mudança

- Adicionar ficheiros à área de preparação, fazer commits para guardar as alterações no d6pot local e gerir os ramos.
- Comando: **git add [ficheiro]**
- Exemplo: **git add index.html** adiciona o ficheiro 'index.html' à área de preparação para o próximo commit.
- Comando: **git commit -m "[mensagem]"'**
- Exemplo: **'git commit -m "Adicionar nova funcionalidade"** guarda as alterações na área de preparação com a mensagem de confirmação "Adicionar nova funcionalidade".

4. Sincronização com o depósito remoto

- R6cup6rez e enviar as alterações entre o seu d6pot local e o d6pot remoto.
- Comando: **git pull**
- Exemplo: **git pull origin main** recupera as alterações do ramo 'main' do d6pot remoto e funde-as com o ramo local.
- Comando: **git push**
- Exemplo: **git push origin main** envia commits locais do ramo 'main' para o d6pot remoto.

5. Gestão de sucursais

- Criar, eliminar e gerir ramos para organizar o desenvolvimento de funcionalidades.
- Comando: **git branch**
- Exemplo: **git branch** lista todos os ramos locais. **git branch feature-xyz'** cria um novo

ramo chamado 'feature-xyz'.
- Comando: **git checkout [branch]**
- Exemplo: **'git checkout feature-xyz'** altera o ramo atual para 'feature-xyz'.
6. Fusão de modificações
- Fundir as alterações de um ramo para outro para integrar as alterações.
- Comando: **git merge [branch]**
- Exemplo: **git merge feature-xyz** funde as alterações feitas no ramo 'feature-xyz' no ramo atual.
7. Ver história
- Ver o histórico de confirmações para ver as alterações efectuadas ao depósito.
- Comando: **git log**
- Exemplo: **git log** mostra a lista de commits com informações detalhadas sobre cada commit.

Fluxo Git

O Git Flow é um método de gestão de ramos que estrutura o desenvolvimento em várias fases distintas para melhorar a organização e a gestão de versões. Aqui estão os principais ramos usados no Git Flow :
- **Master**: Ramo principal que contém o código pronto para produção. As versões estáveis do projeto são publicadas a partir deste ramo.
- **Desenvolver**: Ramo do desenvolvimento que integra novas funcionalidades e correcções de erros antes de serem lançadas. Esta é a base para futuras versões do produto.
- **Caraterística**: Ramos temporários criados para desenvolver novas funcionalidades. São derivadas de 'develop' e fundidas em 'develop' depois de concluídas.
- **Release**: Ramos utilizados para preparar uma nova versão estável. São utilizadas para efetuar os ajustes finais antes de serem integradas no 'master'.
- **Hotfix**: Ramos criados para corrigir rapidamente problemas críticos no 'master'. Eles são usados para resolver bugs urgentes e são mesclados tanto no 'master' quanto no 'develop'.

Git com um repositório remoto

Um repositório remoto é uma versão de um projeto alojada num servidor, que permite a vários utilizadores colaborar e sincronizar o seu trabalho. Os repositórios remotos são geralmente alojados em plataformas como o GitHub, o GitLab ou o Bitbucket. Trabalhar com um repositório remoto implica recuperar (pull) as últimas modificações, enviar (push) novas contribuições e gerir a colaboração entre vários programadores.
Aqui está um exemplo de um fluxo de trabalho com um depósito remoto:
1. **Clonar um repositório remoto**: git clone https://github.com/user/repo.git para copiar um dëpôt remoto localmente.
2. **Sincronizar o repositório**: Antes de começar a trabalhar, recomendamos a execução do git pull origin main para obter as alterações mais recentes do ramo principal.
3. **Enviar alterações** : Depois de adicionar (git add) e confirmar (git commit) as alterações, pode enviá-las para o dbpot remoto com git push origin main.
Em suma, a utilização de um dbpot remoto facilita a colaboração entre as equipas e garante que todos estão a trabalhar na versão mais actualizada do projeto, assegurando simultaneamente que as alterações são rastreáveis.
A figura acima dá uma visão clara de como o Git funciona.

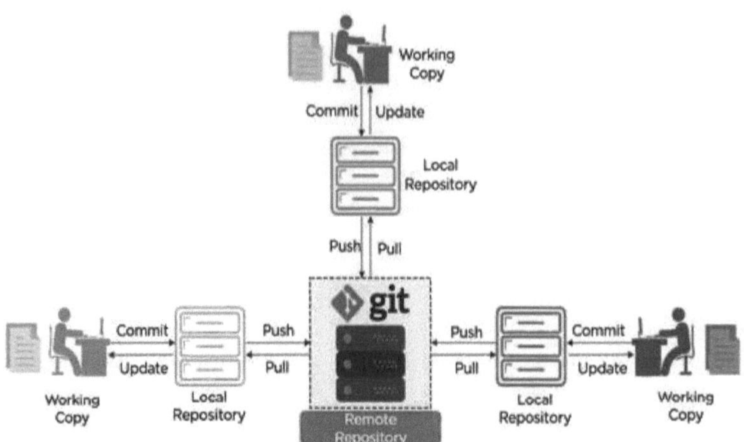

- Como funciona o Git -

Workshop 1. Usando o Git

Passo 1: Instalar o Git

1. Abra o terminal do Ubuntu.
2. Verifique se o Git já está instalado executando o comando

```
git –version
```

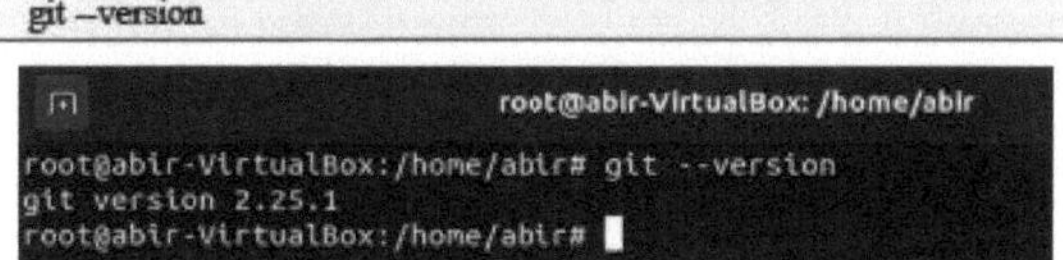

No nosso caso, o git já está instalado na nossa máquina ubuntu na versão 2.25.1.

Se o Git não estiver instalado, instale-o usando o comando :

```
sudo apt update

sudo apt install git
```

Verifique novamente a versão do Git para confirmar a instalação:

```
git –version
```

Passo 2: Configuração inicial do Git

1. Configurar o seu nome de utilizador Git

```
git config –global user.name "Votre Nom"
```

2. Configurar o endereço de correio eletrónico do Git :

```
git config –global user.email "votre@email.com"
```

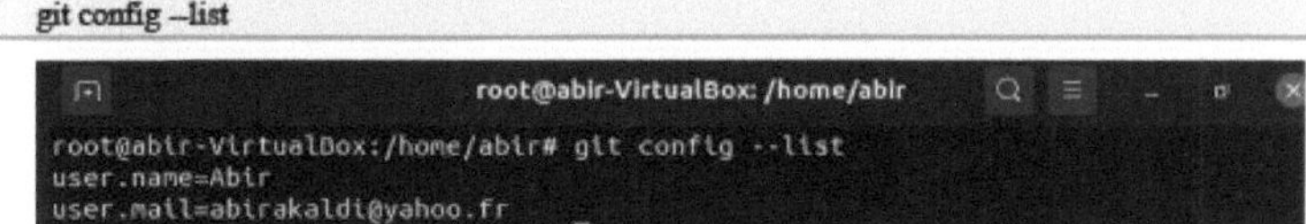

3. Verificar a configuração do Git :

```
git config –list
```

Passo 3: Criar um novo repositório Git

1. Crie uma nova pasta para o seu projeto chamada **RepProjectTest**:

```
mkdir RepProjectTest

cd RepProjectTest
```

2. Inicializar um novo repositório Git nesta pasta :

```
git init
```

O projeto **RepProjectTest** é inicializado com git .

Podemos navegar pelos ficheiros no diretório .git com o comando.

```
ls .git
```

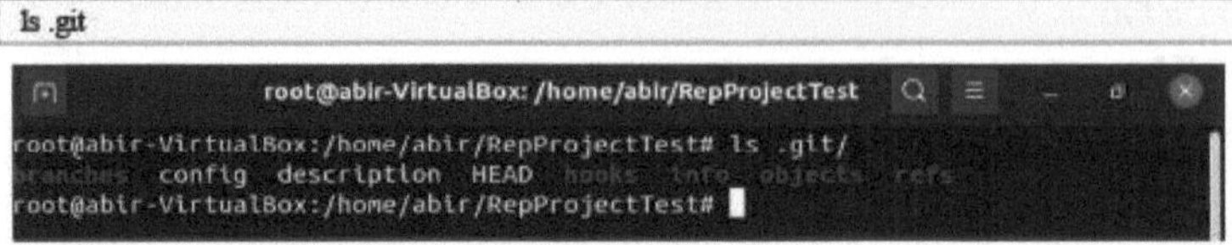

Descrições do conteúdo de .git :
O diretório '.git' é o coração de todos os repositórios Git. Contém todos os ficheiros e metadados necessários para acompanhar o histórico de versões, branches, commits e muito mais. Aqui está uma descrição dos ficheiros e diretórios mais importantes dentro do diretório '.git':
1.   **HEAD**: Este ficheiro aponta para o ramo atual. Normalmente contém uma referência simbólica (um caminho de ficheiro) para o ficheiro 'refs/heads/branch_name' que representa o ramo ativo.
2.   **refs** : Este diretório contém sub-diretórios 'refs/heads', 'refs/tags', e 'refs/remotes' que guardam respetivamente apontadores para os ramos locais, tags, e ramos remotos (para repositórios remotos).
>   **refs/heads**: Este diretório contém um ficheiro para cada ramo local. Cada ficheiro contém o SHA-1 do último commit deste ramo.
>   **refs/tags** : Este diretório armazena tags, que são pontos fixos no histórico de commits para marcar versões específicas.
>   **refs/remotes** : Se estiver a trabalhar com repositórios remotos, este diretório contém referências a ramos remotos, tais como 'refs/remotes/origin/branch_name'.
3.   **objects** : Este diretório armazena todos os objectos Git, incluindo commits, árvores e blobs (os próprios ficheiros).
>   **objects/commit**: Contém os commits (cada commit tem um ficheiro com o seu SHA-1).
>   **objects/tree**: Contém árvores, que são estruturas de dados do Git que representam o estado do projeto num determinado momento.
>   **objects/blob**: Contém os blobs, que são os dados reais do ficheiro.
4.   **config**: Este ficheiro contém a configuração do repositório Git, incluindo informações do utilizador (nome, endereço de correio eletrónico) e outras definições de configuração específicas do repositório.
5.   **description**: Este ficheiro contém uma breve descrição do repositório, geralmente utilizada pelos servidores Git.
6.   **hooks** : Este diretório pode conter scripts hook, que são scripts executados em momentos específicos durante as operações do Git (por exemplo, antes de um commit).
7.   **index**: Este ficheiro é a área de preparação. Contém informação sobre os ficheiros que estão prontos para serem submetidos no próximo commit.
8.   **logs**: Este diretório pode conter ficheiros de log que registam o histórico das referências (por exemplo, 'refs/heads/branch_name') e as operações efectuadas sobre elas.
9.   **info** : Este diretório pode conter ficheiros de configuração e de informação adicionais.
55. Estes ficheiros e diretórios formam a infraestrutura interna do Git, que lhe permite gerir versões de forma eficiente e seguir o histórico de commits num projeto.

Passo 4: Adicionar ficheiros e commits
1.   Crie um ficheiro **samplegit.py** para o seu projeto **RepProjectTest** e escreva o seguinte código python:

2. Adicionar o ficheiro à área de preparação

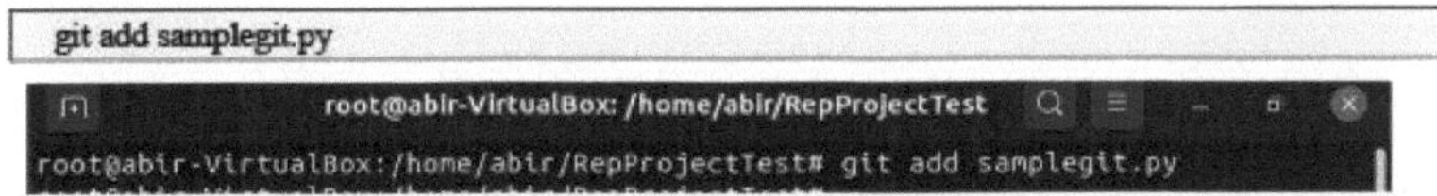

Antes de fazer um commit, precisamos de verificar se o nosso projeto no ramo master não contém commits com o comando

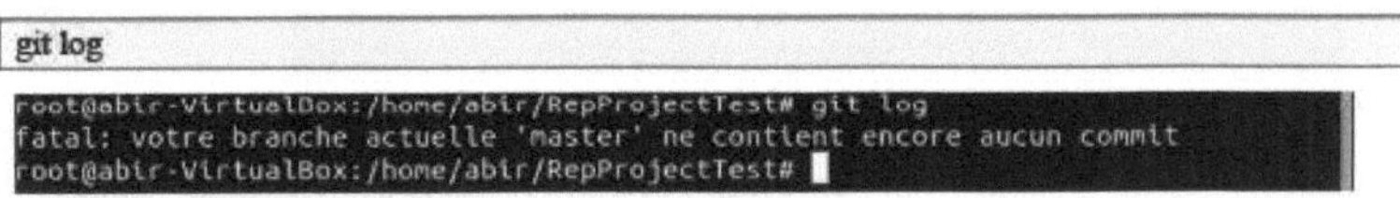

3. Faça uma confirmação para guardar as alterações:

4. Ver o histórico de commits :

5. Verificar o estado do ramo master git status

6. Modifique o ficheiro **samplegit.py** localmente

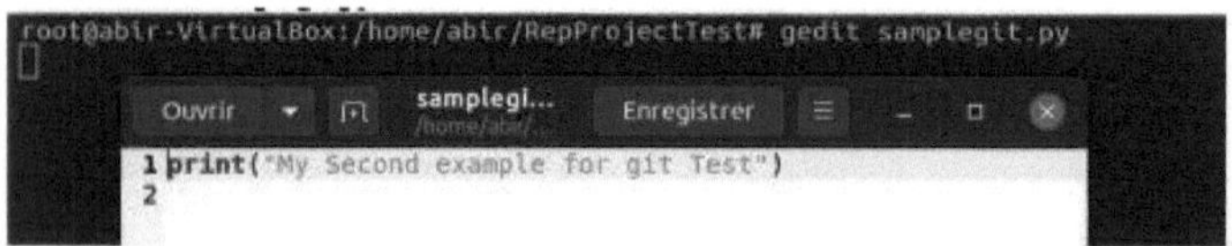

7. Agora verifique o estado do diretório git:

```
root@abir-VirtualBox:/home/abir/RepProjectTest# git status
Sur la branche master
Modifications qui ne seront pas validées :
  (utilisez "git add <fichier>..." pour mettre à jour ce qui sera validé)
  (utilisez "git restore <fichier>..." pour annuler les modifications dans le r
épertoire de travail)

aucune modification n'a été ajoutée à la validation (utilisez "git add" ou "git
  commit -a")
```

Vemos que o ficmer **samplegit.py** é modificado. Neste caso, são possíveis 2 casos:

Caso 1: Podemos restaurá-lo:

```
root@abir-VirtualBox:/home/abir/RepProjectTest# git restore samplegit.py
root@abir-VirtualBox:/home/abir/RepProjectTest# git status
Sur la branche master
rien à valider, la copie de travail est propre
root@abir-VirtualBox:/home/abir/RepProjectTest# cat samplegit.py
print("My first example for git Test")
```

Caso 2: Podemos manter a modificação e submeter a nova versão

```
root@abir-VirtualBox:/home/abir/RepProjectTest# git  commit -a -m "Second Commi
t"
[master c297055] Second Commit
 1 file changed, 1 insertion(+), 1 deletion(-)
```

8. Verifique o estado do ramo principal com o comando **git log**

```
root@abir-VirtualBox:/home/abir/RepProjectTest# git  commit -a -m "Second Commi
t"
[master c297055] Second Commit
 1 file changed, 1 insertion(+), 1 deletion(-)
root@abir-VirtualBox:/home/abir/RepProjectTest# git log
commit c297055646562da2dcb1abaa6fa9685383354f5d (HEAD -> master)
Author: Abir <abirakaldi@yahoo.fr>
Date:   Sun Oct 1 22:49:09 2023 +0100

    Second Commit

commit 012b7df94b16a7cfcc5eb6021223b79f79056716
Author: Abir <abirakaldi@yahoo.fr>
Date:   Sun Oct 1 22:28:18 2023 +0100

    Mon premier commit
```

9. Mostrar a diferença entre as duas versões do commit com o comando :

```
git diff id_commit1 id_commit2
```

```
root@abir-VirtualBox:/home/abir/RepProjectTest# git diff c297055646562da2dcb1ab
aa6fa9685383354f5d  012b7df94b16a7cfcc5eb6021223b79f79056716
diff --git a/samplegit.py b/samplegit.py
index a46fdcb..bf84224 100644
--- a/samplegit.py
+++ b/samplegit.py
@@ -1,2 +1,2 @@
-print("My second example for git Test")
+print("My first example for git Test")
```

Passo 5: Criar ramos

1. Criar um ramo chamado developer git branch developer

```
git branch developer
```

```
root@abir-VirtualBox:/home/abir/RepProjectTest# git branch developer
```

2. Verifique se o ramo foi criado usando o comando git branch

```
git branch
```

```
root@abir-VirtualBox:/home/abir/RepProjectTest# git branch
  developer
* master
```

3. Mude para o ramo de desenvolvimento com o comando

```
Git checkout developer
```

```
root@abir-VirtualBox:/home/abir/RepProjectTest# git checkout developer
Basculement sur la branche 'developer'
```

Passo 6: Ligar o Git ao GitHub

1. Crie uma conta GitHub se ainda não tiver uma.
2. Ligar ao GitHub.
3. Criar um novo repositório GitHub chamado "RepGitTest" seguindo os passos na plataforma.
4. Associe o repositório local ao repositório GitHub "RepGitTest" utilizando o seguinte comando (substitua "your_user" e "your_project" pelas suas informações):

```
git remote add origin https://github.com/votre_utilisateur/RepProjectTest
```

```
root@abir-VirtualBox:/home/abir/RepProjectTest# git remote add origin https://g
ithub.com/AbirKaldi/RepProjectTest
```

5. Envie o código local para o GitHub usando o comando :
git push -u origem mestre

```
git push -u origin master
```

```
root@abir-VirtualBox:/home/abir/RepProjectTest# git push origin master
Username for 'https://github.com': AbirKaldi
Password for 'https://AbirKaldi@github.com':
Énumération des objets: 12, fait.
Décompte des objets: 100% (12/12), fait.
Compression des objets: 100% (6/6), fait.
Écriture des objets: 100% (12/12), 1.02 Kio | 1.02 Mio/s, fait.
Total 12 (delta 0), réutilisés 0 (delta 0)
remote:
remote: Create a pull request for 'master' on GitHub by visiting:
remote:      https://github.com/AbirKaldi/RepProjectTest/pull/new/master
remote:
To https://github.com/AbirKaldi/RepProjectTest.git
 * [new branch]      master -> master
```

6. Poderá ser necessário autenticar com o seu nome de utilizador e token do GitHub.
7. Aceda ao repositório GitHub para verificar se os seus ficheiros foram enviados com êxito.

Ferramentas de construção

Introdução

As ferramentas de compilação são essenciais no ciclo de desenvolvimento de software, uma vez que automatizam o processo de compilação, teste e implementação de aplicações. Permitem que o código-fonte seja transformado numa versão exequível, ao mesmo tempo que incorporam aspectos fundamentais como os testes automatizados, a gestão de dependências e a criação de pacotes.

Ferramentas populares como o Maven, o Gradle e o Ant são normalmente utilizadas para projectos Java, enquanto o Make é frequentemente utilizado para projectos C/C++. Estas ferramentas oferecem uma automatização simples e repetível, garantindo que o código é compilado de forma consistente, reduzindo assim o risco de erro humano.

A integração de ferramentas de construção num pipeline de CI/CD também significa que as versões estáveis e válidas do software podem ser implementadas mais rapidamente.

Apresentação do Maven

Maven é uma ferramenta de código aberto da comunidade Apache, escrita inteiramente em Java. Automatiza a gestão e a construção de um projeto Java: normalmente conhecida como uma ferramenta de construção.

O Maven é apresentado como um executável de linha de comandos, mas também está integrado de forma nativa nos IDE mais comuns no mundo Java: Eclipse, Intellij IDEA, NetBeans.

É possível criar e executar projectos Java EE diretamente em IDEs. Então, por que usar o Maven?

Embora um IDE possa ser suficiente para gerir projectos simples, esta solução rapidamente se revela limitada:

S Como posso partilhar o meu projeto com outros programadores se eles não têm exatamente a mesma configuração de estação de trabalho que eu e não utilizam o mesmo IDE que eu?

S Como posso compilar e testar o meu projeto fora de uma IDE (por exemplo, num processo de integração contínua)?

Como pode automatizar certas tarefas repetitivas e reduzir o número de erros ou omissões?

A forma mais fácil de resolver todos estes problemas é utilizar uma ferramenta como o Maven.

Principais caraterísticas do Maven

A ferramenta de construção de projectos mais famosa é, sem dúvida, **o make**. O make permite-lhe definir tarefas com comandos associados e dependências entre essas tarefas.

O Maven adopta uma abordagem muito diferente: divide o ciclo de construção do projeto em fases pré-definidas e o programador pode definir ou adicionar tarefas a serem executadas automaticamente em cada fase.

As principais fases do Maven são :

compilar: compilação do código fonte do projeto

teste: compilação do código-fonte do teste e execução do teste

pacote: construção do produto (para uma aplicação Web, trata-se do arquivo WAR)

■ O Maven adiciona a possibilidade de дёгег automaticamente as dependências de software. Para desenvolver aplicações Java EE, vamos precisar de bibliotecas externas (ficheiros .jar em Java). Em vez de as tëlëcarregar uma a uma a partir da Web e adicioná-las ao Eclipse, vamos dizer ao Maven o identificador das dëpendências de que precisamos e ele tratará de as tëlëcarregar a partir de um repositório central, armazenando-as numa cache na máquina e associando-as ao nosso projeto.

■ Finalmente, os criadores do Maven adoptaram uma abordagem normativa para garantir a homogënëitë entre projectos. Assim, um projeto Maven obedece a uma organização bastante rigorosa de diretórios e ficheiros.

O ciclo de vida do Maven

O Maven baseia-se numa estrutura de ciclo de vida com várias fases para gerir a construção e a implementação de projectos de forma eficiente. O ciclo de vida padrão compreende três ciclos principais:

■ **Limpar**: Limpa o projeto eliminando ficheiros gënërës durante compilações anteriores.

■ **Padrão (Build)**: Este ciclo contém a maioria das fases, desde a validação do projeto até o дëпëгайоп do pacote final. Inclui ëtapes como compilação (compile), ^xë^^ de testes (test), empacotamento (package), e dëploiement (deploy).

■ **Sítio**: Gënëre a documentação e os relatórios do projeto sob a forma de um sítio Web.
Cada fase destes ciclos é executada numa ordem específica, e os programadores podem personalizar ou adicionar fases de acordo com as suas necessidades. Por exemplo, para construir e testar um projeto, basta exëcutar mvn clean install, que encadeia todas as ëtapes necessárias ^.

Dependências e o ficheiro pom.xml

O Maven utiliza um ficheiro de configuração central chamado pom.xml (Project Object Model) que define a estrutura do projeto e as suas dependências. Este ficheiro desempenha um papel fundamental na gestão automática das bibliotecas externas de que o projeto necessita para funcionar. Cada dependência é definida por um conjunto de atributos: **groupId**, **artifactId** e **versão**. O Maven tëlë então carrega automaticamente essas bibliotecas a partir de dëp6ts remotos, como o Maven Central. Aqui está um exemplo de dëpendência em um arquivo pom.xml:

```xml
<dependency>
  <groupId>junit</groupId>
  <artifactId>junit</artifactId>
  <version>4.12</version>

  <scope>test</scope>
</dependency>
```

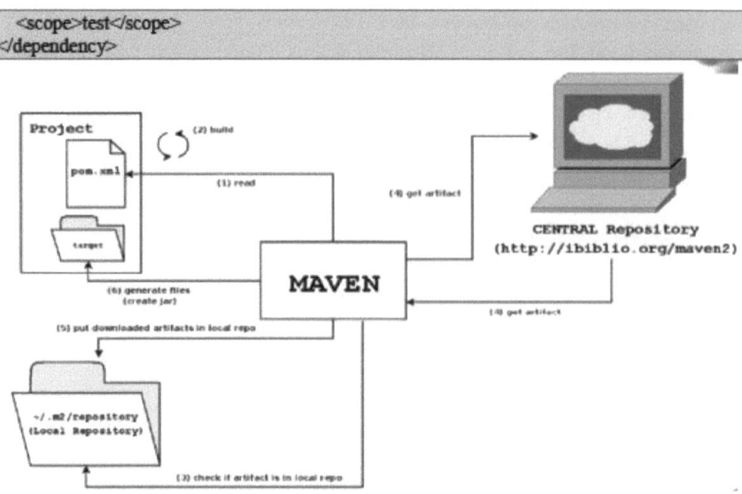

- Projeto Maven -

O Maven simplifica muito o gerenciamento de dependências, evitando conflitos de versão e garantindo que o projeto sempre tenha as versões corretas das bibliotecas.

Workshop 2. Configurar um projeto Maven

Passo 1. Abra um terminal no ubuntu e instale o maven com o comando

```
apt-get install maven
```

```
root@Jenkins:/home/jenkins# apt-get install maven
Reading package lists... Done
Building dependency tree... Done
Reading state information... Done
maven is already the newest version (3.8.7-1).
The following packages were automatically installed and are no longer required
  java-wrappers jmeter-help libbatik-java libbcmail-java libbcpkix-java
  libbcprov-java libbcutil-java libbsf-java libbsh-java libcommons-codec-java
  libcommons-collections3-java libcommons-httpclient-java libcommons-jexl-java
  libcommons-jexl2-java libcommons-lang-java libcommons-math3-java
```

Passo 2. Descarregue e descomprima o ficheiro hello-webapp.zip.

```
wget https://gayerie.dev/epsi-poei-201705/assets/hello-webapp.zip
```

Descompacte o arquivo hello-webapp.zip

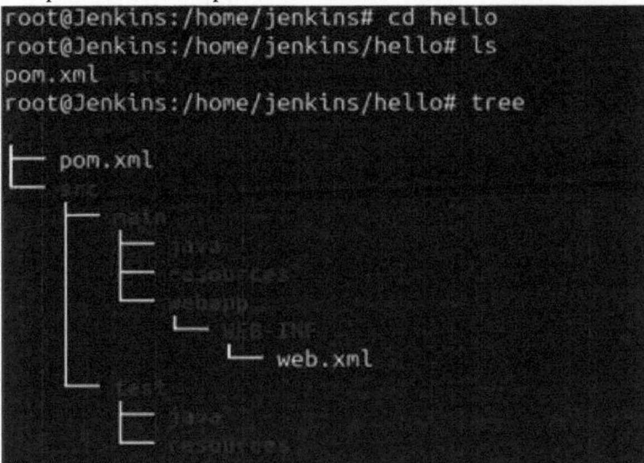

O arquivo será descomprimido no diretório hello. Aceda ao diretório hello e verifique o seu conteúdo:

Este arquivo contém o projeto Maven mínimo para uma aplicação Web que iremos utilizar como exemplo.

O Maven impõe uma estrutura mínima de árvore de ficheiros para garantir a consistência em todos os projectos.

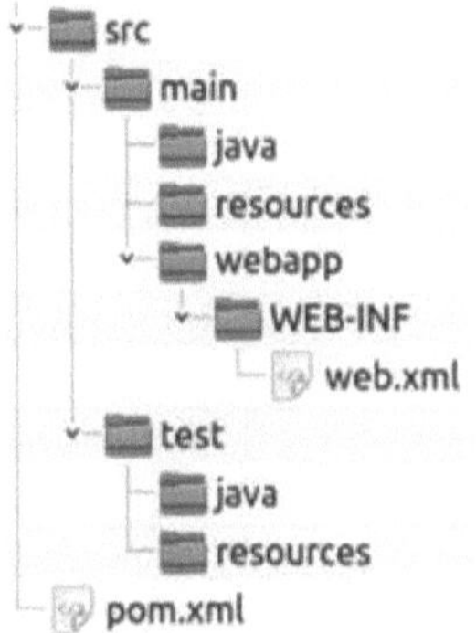

pom.xml

Na raiz do projeto está o ficheiro pom.xml, o descritor de projeto para o Maven.

src/main

Este diretório contém os ficheiros da aplicação. Pelo menos o sub-diretório **java** contém as fontes Java. O sub-diretório **resources** contém ficheiros que não são fontes Java mas que devem estar presentes com os ficheiros compilados na aplicação final (estes são frequentemente ficheiros de configuração). Finalmente, para uma aplicação Web, o subdiretório **webapp** corresponde à raiz do sítio Web. Contém o diretório WEB-INF e o ficheiro WEB-INF/web.xml.

src/teste

Este diretório contém os ficheiros utilizados para testar a aplicação. O subdiretório **Java** contém as fontes Java dos testes unitários. O sub-diretório **resources** contém ficheiros que não são fontes Java, mas que são necessários para executar os testes (estes são frequentemente ficheiros de configuração para os testes).

Há uma última diretoria a ter em conta, a diretoria **de destino**. Este diretório não está presente na árvore do projeto hello-webapp. É o diretório de trabalho do Maven. Este diretório é criado automaticamente pelo Maven para armazenar todos os ficheiros de trabalho. Contém classes compiladas, ficheiros de origem gerados automaticamente, o produto final e relatórios de execução de testes.

O FICHEIRO POM.XML

O ficheiro pom.xml é o descritor de projeto para o Maven. É um ficheiro XML na raiz do projeto que é lido pelo Maven para lhe fornecer informações sobre o projeto.

O conteúdo do ficheiro pom.xml para o projeto hello-webapp é o seguinte:

```xml
<project
    xmlns="http://maven.apache.org/POM/4.0.0" xmlns:xsi="http://www.w3.org/2001/XMLSchema-instance"
    xsi:schemaLocation="http://maven.apache.org/POM/4.0.0 http://maven.apache.org/xsd/maven-4.0.0.xsd">
    <!--
    La version du format du fichier pom.
    Actuellement la dernière version est la 4.0.0.
    -->
    <modelVersion>4.0.0</modelVersion>

    <!--
    Le group ID de l'application. Le group ID
    s'apparente à un package Java mais pour un projet. Il évite
    une colision de nom dans le cas de deux projets ayant le même nom
    puisqu'ils peuvent avoir des group ID différents.
    Ainsi si deux projets s'appelle hello et qu'ils ont des group ID
    différents, ils sont considérés comme étant des projets différents.
    -->
    <groupId>fr.epsi.b3</groupId>

    <!--
    Le nom du projet.
    -->
    <artifactId>hello</artifactId>

    <!--
    La version de notre projet. Maven gère le versionnage
    afin de permettre le suivi des évolutions d'un projet.
    Ici, le suffixe "-SNAPSHOT" indique à Maven que le projet
    est en cours de développement pour cette version.
    -->
    <version>0.0.1-SNAPSHOT</version>

    <!--
    Le type de packaging, c'est-à-dire le type de projet.
    Ici, on indique à Maven que le projet doit être packagé
    sous la forme d'un WAR. Donc pour Maven, il s'agit d'une
```

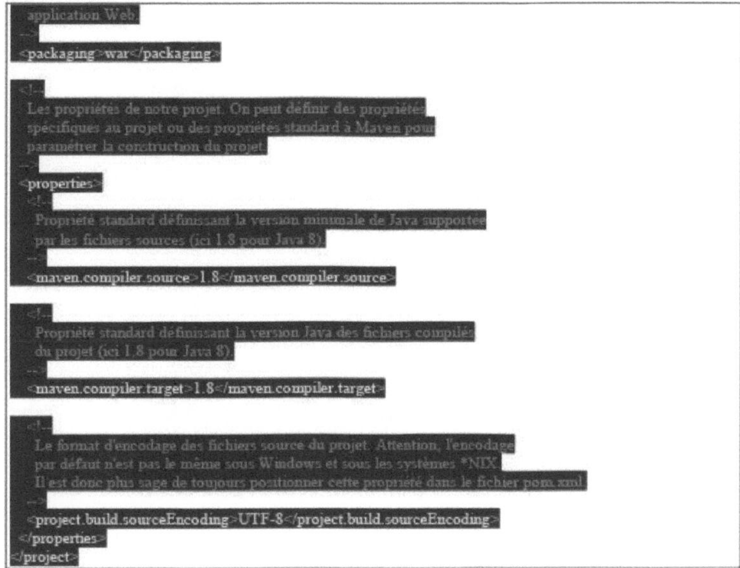

```xml
... application Web
-->
<packaging>war</packaging>

<!--
Les propriétés de notre projet. On peut définir des propriétés
spécifiques au projet ou des propriétés standard à Maven pour
paramétrer la construction du projet
-->
<properties>
<!--
Propriété standard définissant la version minimale de Java supportée
par les fichiers sources (ici 1.8 pour Java 8)
-->
<maven.compiler.source>1.8</maven.compiler.source>

<!--
Propriété standard définissant la version Java des fichiers compilés
du projet (ici 1.8 pour Java 8).
-->
<maven.compiler.target>1.8</maven.compiler.target>

<!--
Le format d'encodage des fichiers source du projet. Attention, l'encodage
par défaut n'est pas le même sous Windows et sous les systèmes *NIX
Il est donc plus sage de toujours positionner cette propriété dans le fichier pom.xml
-->
<project.build.sourceEncoding>UTF-8</project.build.sourceEncoding>
</properties>
</project>
```

Este ficheiro pom.xml fornece ao Maven as informações mínimas:

- O projeto chama-se en.epsi.b3:hello
- A versão atual é a 0.0.1 e é uma versão funcional.
- O projeto é uma aplicação Web Java EE (war)

O projeto está escrito em Java 8 e as fontes estão codificadas em UTF-8.

GERIR O PROJECTO COM MAVEN

Pode utilizar a linha de comandos mvn a partir do diretório que contém o ficheiro **pom.xml** para efetuar operações num projeto. O Maven cria um diretório de trabalho chamado **target** no qual armazena os ficheiros produzidos (incluindo ficheiros war).

Passo 3. Limpar o diretório de trabalho **de destino**

```
root@Jenkins:/home/jenkins/hello# mvn clean
[     ] Scanning for projects...
[     ]
[     ] ------------------< fr.epsi.b3:hello >------------------
[     ] Building hello 0.0.1-SNAPSHOT
[     ] --------------------------[ war ]--------------------------
Downloading from central: https://repo.maven.apache.org/maven2/org/apache/maven/
plugins/maven-clean-plugin/2.5/maven-clean-plugin-2.5.pom
Downloaded from central: https://repo.maven.apache.org/maven2/org/apache/maven/p
lugins/maven-clean-plugin/2.5/maven-clean-plugin-2.5.pom (3.9 kB at 3.2 kB/s)
Downloading from central: https://repo.maven.apache.org/maven2/org/apache/maven/
plugins/maven-plugins/22/maven-plugins-22.pom
Downloaded from central: https://repo.maven.apache.org/maven2/org/apache/maven/p
```

No final desta fase, o ecrã terá o seguinte aspeto:

```
/plexus-utils/3.0/plexus-utils-3.0.jar (228 kB at 603 kB/s)
[INFO] -------------------------------------------------------
[INFO] BUILD SUCCESS
[INFO] -------------------------------------------------------
[INFO] Total time:  5.057 s
[INFO] Finished at: 2024-04-23T11:14:01+01:00
[INFO] -------------------------------------------------------
root@Jenkins:/home/jenkins/hello#
```

Passo 4. Compilar as fontes

compilar fontes, testes unitários e executar testes unitários

```
root@Jenkins:/home/jenkins/hello# mvn compile
[       ] Scanning for projects...
[       ]
[       ] -----------------------< fr.epsi.b3:hello >-----------------------
[       ] Building hello 0.0.1-SNAPSHOT
[       ] --------------------------------[ war ]--------------------------------
[       ]
[       ] --- maven-resources-plugin:2.6:resources (default-resources) @ hello ---
[       ] Using 'UTF-8' encoding to copy filtered resources.
[       ] Copying 0 resource
[       ]
[       ] --- maven-compiler-plugin:3.1:compile (default-compile) @ hello ---
[       ] Nothing to compile - all classes are up to date
[       ] -----------------------------------------------------------------------
[       ] BUILD SUCCESS
[       ] -----------------------------------------------------------------------
[       ] Total time:  1.215 s
[       ] Finished at: 2024-04-23T11:19:14+01:00
[       ] -----------------------------------------------------------------------
root@Jenkins:/home/jenkins/hello# mvn compile
[       ] Scanning for projects...
[       ]
[       ] -----------------------< fr.epsi.b3:hello >-----------------------
[       ] Building hello 0.0.1-SNAPSHOT
[       ] --------------------------------[ war ]--------------------------------
[       ]
[       ] --- maven-resources-plugin:2.6:resources (default-resources) @ hello ---
[       ] Using 'UTF-8' encoding to copy filtered resources.
[       ] Copying 0 resource
[       ]
[       ] --- maven-compiler-plugin:3.1:compile (default-compile) @ hello ---
```

Passo 5. Agora, teste a compilação

`mvn test`

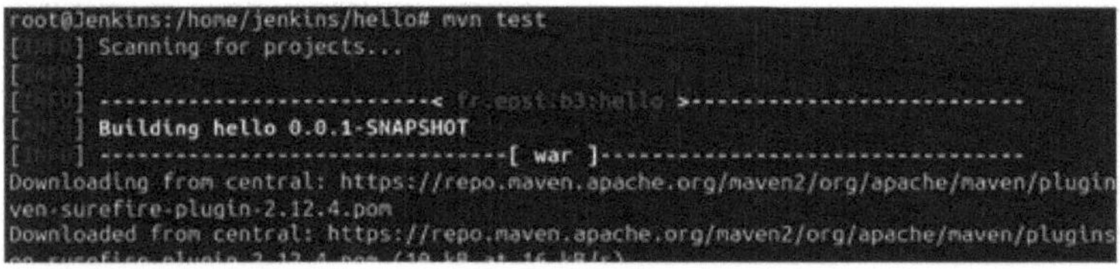

```
root@Jenkins:/home/jenkins/hello# mvn test
[       ] Scanning for projects...
[       ]
[       ] -----------------------< fr.epsi.b3:hello >-----------------------
[       ] Building hello 0.0.1-SNAPSHOT
[       ] --------------------------------[ war ]--------------------------------
Downloading from central: https://repo.maven.apache.org/maven2/org/apache/maven/plugin
ven-surefire-plugin-2.12.4.pom
Downloaded from central: https://repo.maven.apache.org/maven2/org/apache/maven/plugins
```

No final desta tarefa, temos o seguinte resultado:

```
[       ] -----------------------------------------------------------------------
[       ] BUILD SUCCESS
[       ] -----------------------------------------------------------------------
[       ] Total time:  5.721 s
[       ] Finished at: 2024-04-23T11:21:04+01:00
[       ] -----------------------------------------------------------------------
```

Passo 6. Agora dëployer o pacote: compile os fontes, testes unitários, exëcute os testes unitários e crie o arquivo war.

`mvn package`

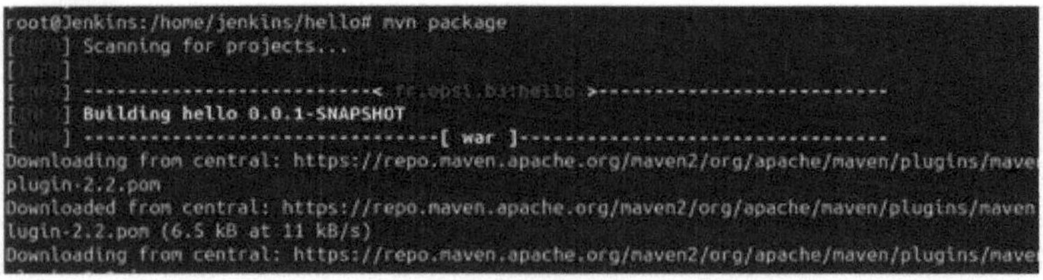

```
root@Jenkins:/home/jenkins/hello# mvn package
[       ] Scanning for projects...
[       ]
[       ] -----------------------< fr.epsi.b3:hello >-----------------------
[       ] Building hello 0.0.1-SNAPSHOT
[       ] --------------------------------[ war ]--------------------------------
Downloading from central: https://repo.maven.apache.org/maven2/org/apache/maven/plugins/mave
plugin-2.2.pom
Downloaded from central: https://repo.maven.apache.org/maven2/org/apache/maven/plugins/maven
lugin-2.2.pom (6.5 kB at 11 kB/s)
Downloading from central: https://repo.maven.apache.org/maven2/org/apache/maven/plugins/mave
```

No final desta fase, temos o seguinte resultado:

```
[INFO] Copying webapp resources [/home/jenkins/hello/src/main/webapp]
[INFO] Building war: /home/jenkins/hello/target/hello-0.0.1-SNAPSHOT.war
[INFO] ------------------------------------------------------------------------
[INFO] BUILD SUCCESS
[INFO] ------------------------------------------------------------------------
[INFO] Total time:  2.320 s
[INFO] Finished at: 2024-04-23T11:46:59+01:00
[INFO] ------------------------------------------------------------------------
```

NB: Se encontrar um problema com o comando mvn package, adicione o seguinte plugin ao ficheiro pom.xml:

```xml
<plugin>
    <groupId>org.apache.maven.plugins</groupId>
    <artifactId>maven-war-plugin</artifactId>
    <version>3.3.2</version> <!-- Mettez ici la version que vous souhaitez utiliser -->
</plugin>
```

O ficheiro pom.xml tem então o seguinte aspeto

```xml
1 <project xmlns="http://maven.apache.org/POM/4.0.0" xmlns:xsi="http://www.w3.org/2001/
  XMLSchema-instance"
2     xsi:schemaLocation="http://maven.apache.org/POM/4.0.0 http://maven.apache.org/
  xsd/maven-4.0.0.xsd">
3     <modelVersion>4.0.0</modelVersion>
4     <groupId>fr.epsi.b3</groupId>
5     <artifactId>hello</artifactId>
6     <version>0.0.1-SNAPSHOT</version>
7     <packaging>war</packaging>
8     <properties>
9         <maven.compiler.source>1.8</maven.compiler.source>
10        <maven.compiler.target>1.8</maven.compiler.target>
11        <project.build.sourceEncoding>UTF-8</project.build.sourceEncoding>
12    </properties>
13    <build>
14  <plugins>
15      <plugin>
16        <groupId>org.apache.maven.plugins</groupId>
17        <artifactId>maven-war-plugin</artifactId>
18        <version>3.3.2</version> <!-- Mettez ici la version que vous souhaitez
  utiliser -->
19      </plugin>
20      <!-- Autres plugins -->
21  </plugins>
22 </build>
23 </project>
```

Passo 7: Adicionar o plugin TOMEE ao ficheiro pom.xml

Vamos executar um servidor tomEE diretamente a partir do Maven

Pode declarar plugins num ficheiro pom.xml no seu projeto. Existem muitos plugins disponíveis nos repositórios Maven. Isto significa que a declaração de um plugin desencadeia automaticamente a sua transferência, instalação e execução.

Ao criar um projeto para uma aplicação Web, pode ser útil poder executá-lo a partir do Maven, ou seja, lançar um servidor de aplicações Java EE e implementar a aplicação neste servidor.

. Para o TomEE, pode utilizar o tomee-maven-plugin. Volte para o projeto Maven e edite o arquivo pom.xml para adicionar o plugin tomee:

```xml
<build>
 <plugins>
  <plugin>
   <!-- le plugin pour démarrer TomEE depuis la ligne de commande avec maven :
     mvn package tomee:run
   -->
   <groupId>org.apache.tomee.maven</groupId>
   <artifactId>tomee-maven-plugin</artifactId>
   <version>8.0.9</version>
   <configuration>
    <tomeeVersion>8.0.9</tomeeVersion>
    <tomeeClassifier>plus</tomeeClassifier>
   </configuration>
  </plugin>
 </plugins>
</build>
```

Passo 8. Abra um terminal e vá para o diretório do seu projeto. Digite o comando :

```
mvn package tomee:run
```

diz ao Maven que ele deve construir o projeto, executar os testes unitários e criar o pacote (no nosso caso, um arquivo war). Em seguida, o tomee:run chama diretamente o plugin tomee-maven- e pede-lhe para lançar o servidor, implementando o ficheiro war cred.

O plugin tomee-maven-plugin implementa a aplicação no contexto raiz [artifact-id]-[version]. Para o projeto de teste, o contexto de implantação será, portanto, **hello-0.0.1-SNAPSHOT**

Docker

Docker: Conceitos e utilização

O Docker permite-lhe criar contentores, unidades leves que contêm uma aplicação e todas as suas dependências, para a tornar portátil e consistente em diferentes ambientes. O Docker resolve o problema do "funciona na minha máquina", fornecendo um ambiente coerente e isolado para cada aplicação.

Exemplo:

Tem uma aplicação Node.js que funciona no desenvolvimento, mas que encontra problemas na produção devido a diferenças de configuração. Com o Docker, encapsula a aplicação num contentor, garantindo que é executada de forma idêntica em todo o lado.

Arquitetura Docker

O Docker é composto por vários componentes principais, que funcionam em conjunto para permitir a gestão de contentores e imagens. Estes componentes incluem o Docker Engine, os contentores, as imagens, os volumes, as redes e os registos.

- Motor Docker

O Docker Engine é o coração do ecossistema Docker. Ele é composto de vários elementos-chave:

o Docker Daemon: O daemon que gere a criação e execução de contentores.

Recebe comandos da interface do utilizador e interage com sistemas de ficheiros, redes e contentores.

o Docker CLI: A interface de linha de comando usada para se comunicar com o daemon do Docker. Por exemplo, quando executa 'docker run', o comando é enviado para o daemon do Docker para execução.

o API REST: um conjunto de APIs que permitem que ferramentas externas comuniquem com o Docker, por exemplo, através de scripts ou aplicações de terceiros.

- Imagens Docker

Uma imagem Docker é uma espécie de modelo utilizado para criar contentores. Cada imagem contém tudo o que uma aplicação precisa para ser executada: o código da aplicação, as bibliotecas, as dependências e até o sistema operativo, tudo encapsulado numa única imagem.

As imagens Docker são construídas em camadas, com cada instrução num Dockerfile a criar uma nova camada. Isto significa que partes da imagem podem ser reutilizadas noutros projectos para poupar espaço e acelerar o processo de construção.

- Contentores

Os contentores são instâncias de imagens Docker. Assim que a imagem é criada, o contentor é a instância em execução. Os contentores estão isolados de outros contentores e do anfitrião, mas podem partilhar redes e volumes para permitir a comunicação e a persistência de dados.

Os contentores funcionam em ambientes isolados e independentes. Têm o seu próprio espaço de processo, rede e sistema de ficheiros.

Por defeito, os contentores são efémeros, o que significa que os dados que contêm são eliminados assim que são parados, a menos que utilizem volumes para persistir os dados.

- Volumes do Docker

Os volumes são espaços de armazenamento partilhados entre o anfitrião e os contentores para manter os dados para além do tempo de vida do contentor. Também podem ser utilizados para partilhar dados entre diferentes contentores.

Exemplo:

```
docker run -v /caminho/no/hospedeiro:/caminho/in/contentor my-python-app
```

Neste exemplo, '/path/on/host' é o diretório no anfitrião e '/path/in/container' é a localização no contentor onde este volume será montado.

- Redes Docker

O Docker permite-lhe criar redes virtuais para que os contentores possam comunicar entre si ou com o mundo exterior. Os tipos de rede incluem :

S Bridge: Os contentores de uma rede em ponte podem comunicar entre si.

S Anfitrião: O contentor partilha a rede do anfitrião.

S Overlay: permite a ligação de contentores em diferentes hosts Docker.

Exemplo

docker network create my-network

docker run --network my-network my-container

Aqui, é criada uma rede Docker personalizada e o contentor é ligado a esta rede.

- Registos do Docker

Um registo é um repositório onde as imagens Docker são armazenadas. O registo público mais utilizado é o Docker Hub, mas as empresas também podem criar registos privados para armazenar as suas imagens.

Exemplo de envio de uma imagem para o Docker Hub:

docker tag my-image nome de utilizador/my-image

docker push nome de utilizador/meu-imagem

Imagens Docker: Construção, otimização e gestão

As imagens Docker são snapshots que contêm tudo o que é necessário para executar uma aplicação. São criadas a partir de um Dockerfile e optimizadas para reduzir o seu tamanho e tempo de implementação.

Exemplo de um Dockerfile :

Para uma aplicação Python, pode criar uma imagem Docker com este Dockerfile :

DE python:3.9-slim

\#   Copie o código fonte para o contentor COPY . /app

\#   Definição do diretório WORKDIR /app

\#   Instalar dependências usando pip RUN pip install -r requirements.txt

\#   Porta 5000 de exposição para Flask EXPOSE 5000

\#   Comando para iniciar a aplicação CMD ["python", "app.py"]

Gestão de contentores Docker: Manipulação e orquestração

Os contentores são as instâncias activas das imagens. Quando a imagem estiver pronta, pode lançá-la com 'docker run', gerir os volumes e configurar as redes entre vários contentores.

Exemplo:

Para lançar um contentor a partir da imagem criada anteriormente :

```
docker run -d -p 5000:5000 my-python-app
```

Dockerfile: Construção e otimização de imagens

O Dockerfile é um ficheiro de texto que descreve como o Docker deve construir uma imagem. É essencial otimizar este ficheiro para reduzir o tamanho das imagens e acelerar o processo de construção.

Exemplo de um Dockerfile optimizado para um ficheiro Python :

\#   Utilização da imagem oficial da Python

DE python:3.9-slim

\#   Instalar as dependências do sistema

EXECUTAR apt-get update && apt-get install -y \

libpq-dev gcc

\#   Criar um utilizador não-root

RUN useradd -ms /bin/bash appuser

\#   Definição do utilizador

USUÁRIO appuser
Cópia do código fonte
WORKDIR /app
COPY --chown=appuser:appuser . /app
Instalar as dependências do Python
RUN pip install --no-cache-dir -r requirements.txt
Exposição de portas para Flask
EXPOSIÇÃO 5000
Comando para iniciar a aplicação
CMD ["python", "app.py"]

Docker Compose: simplificando ambientes com vários contêineres

O Docker Compose permite-lhe gerir vários contentores utilizando um ficheiro de configuração YAML.

Exemplo de docker-compose.yml :

```yaml
versão: "3"
serviços:
web:
imagem: nó:14
working_dir: /app
volumes:
-     .:/app
portos:
-     "3000:3000"
comando: npm start
depende_de:
- mongo
mongo:
imagem: mongo:4.4
portos:
-     "27017:27017"
volumes:
-     mongo-data:/data/db
volumes:
mongo-data:
```

Integração do Docker com CI/CD

O Docker integra-se perfeitamente nos pipelines de CI/CD para automatizar a criação, o teste e a implementação de aplicações.

Exemplo com Jenkins :

```
oleoduto {
agente {
docker {
imagem 'node:14'
}
}
cursos {
stage('Build') {
passos {
sh 'npm install'
}
```

```
}
stage('Teste') {
passos {
sh 'npm test'
}
}
stage('Deploy') {
passos {
sh 'docker build -t minha-app .'
sh 'docker run -d -p 3000:3000 my-app'
}
}
}
}
```

Segurança do Docker: melhores práticas e ferramentas

A segurança é um aspeto crítico quando se utiliza o Docker, especialmente quando os contentores são implementados na produção. Embora o Docker forneça isolamento entre os contentores e o anfitrião, existem riscos de segurança associados à configuração de imagens, contentores e rede. Esta secção abrange as melhores práticas para proteger ambientes Docker, bem como ferramentas úteis para analisar e reforçar a segurança das implementações.

Imagens Docker seguras

1.   Utilizar imagens oficiais ou verificadas: Ao escolher imagens para os seus contentores, dê preferência às que provêm de fontes oficiais ou verificadas no Docker Hub ou num registo privado seguro. Isto minimizará o risco de execução de malware ou imagens comprometidas.

- Exemplo: Em vez de utilizar uma imagem desconhecida, como "node:random", utilize a imagem oficial "node: 14" ou imagens com etiquetas específicas para controlar as versões.

DO nó: 14

2.   Actualize as suas imagens regularmente: Podem existir vulnerabilidades de segurança nas imagens de base ou nas dependências incluídas na imagem. É importante atualizar regularmente as suas imagens e reconstruir os seus contentores para incluir os patches mais recentes.

- Exemplo: Se estiver a utilizar uma imagem Python, certifique-se de que utiliza sempre uma versão actualizada para evitar falhas de segurança conhecidas.

```
DE python :3.10 -slim
```

3.   Minimizar o tamanho da imagem: quanto mais pequena for a imagem, menos dependências potencialmente vulneráveis contém. Utilize imagens "slim" ou "alpine", que são versões mínimas de um sistema operativo ou tempo de execução.

- Exemplo: Utilize 'node:alpine' em vez de 'node' para uma versão mais leve.

```
DE nó: 14-alpine
```

Proteção dos contentores

1.   Evite executar contentores como raiz: Por predefinição, os contentores Docker são executados com privilégios de raiz, o que pode representar um risco de segurança significativo se o contentor for comprometido. Utilize um utilizador não raiz para executar processos no contentor.

```
#      Exemplo: Crie um utilizador não-root no seu Dockerfile e defina-o como o utilizador predefinido.
#      Criar um utilizador "appuser
RUN useradd -ms /bin/bash appuser
#      Alterar o utilizador predefinido
USUÁRIO appuser
```

2.   Usar namespaces para isolamento: o Docker usa namespaces do Linux para isolar processos de

contêineres, redes e sistemas de arquivos uns dos outros e do host. A ativação de espaços de nomes de utilizador reforça este isolamento ao mapear UIDs e GIDs de contentores para utilizadores não raiz no anfitrião.

3. Limitar os recursos do contentor: Utilize opções como '--memory' e '--cpus' para limitar os recursos do sistema que um contentor pode consumir. Isto reduz o risco de um contentor malicioso ou defeituoso drenar os recursos do anfitrião.

- Exemplo: Limitar a utilização de memória e CPU para um contentor.

```
docker run -d --memory="512m" --cpus="1.5" my-python-app
```

4. Gestão de privilégios: Utilize a opção '--cap-drop' para remover capacidades Linux desnecessárias do contentor. Por defeito, o Docker concede várias capacidades ao contentor. Pode reduzir estas capacidades para limitar o que o contentor pode fazer.

- Exemplo: Eliminar todas as capacidades e adicionar apenas as necessárias.

docker run --cap-drop=ALL --cap-add=NET_ADMIN my-container

Protegendo a rede Docker

1. Utilizar redes personalizadas: os contentores Docker estão, por defeito, ligados à rede "bridge", que lhes permite comunicar com outros contentores na mesma máquina. Crie redes personalizadas para isolar os seus contentores e limitar o seu alcance.

- Exemplo: Criar uma rede personalizada e anexar contentores a esta rede.

```
docker network create --driver bridge my-secure-network
docker run --network my-secure-network my-secure-container
```

- Ativar firewalls: Utilize regras de firewall para controlar as ligações de entrada e de saída para os seus contentores. Por exemplo, com o 'iptables', pode restringir as ligações apenas a determinadas portas.

3. Isolamento de portas: Não publique portas que não são necessárias externamente. Exponha apenas os portos que você precisa para o aplicativo usando a opção ' -p'.

- Exemplo: Se apenas precisar da porta 8080 para uma aplicação Web, não exponha quaisquer outras portas.

docker run -d -p 8080:8080 my-web-app

Ferramentas de segurança do Docker

1. Docker Bench for Security: Um script de código aberto que verifica se a instalação do Docker está em conformidade com as práticas recomendadas de segurança. Analisa vários aspectos da configuração do Docker, incluindo a configuração de contentores, redes e permissões.

- Exemplo: Execute o Docker Bench for Security para auditar sua instalação do Docker.

```
git clone https://github.com/docker/docker-bench-security.git
cd docker-bench-security
sh docker-bench-security.sh
```

2. Trivy: Um scanner de código aberto que detecta vulnerabilidades em imagens Docker, bem como em ficheiros de configuração Kubernetes, Terraform e Docker Compose.

- Exemplo: Executar uma análise Trivy para verificar se existem vulnerabilidades numa imagem Docker.

trivy image my-docker-image

3. Clair: Outra ferramenta de verificação de vulnerabilidades para imagens Docker. Ele verifica as imagens e fornece um relatório detalhado das falhas de segurança presentes.

4. Notário: o Docker também inclui um recurso de assinatura de conteúdo chamado Notário. Isso permite assinar criptograficamente suas imagens para garantir que elas não tenham sido alteradas entre a criação e a implantação.

- Exemplo: Utilizar o Docker Content Trust para assinar uma imagem antes de a enviar para um registo.

exportar DOCKER_CONTENT_TRUST=1

docker push myrepo/myimage:mytag

Melhores práticas de implementação

1. **Monitorizar os contentores em tempo real**: Utilize ferramentas como o **Falco** para monitorizar em tempo real as actividades suspeitas ao nível dos contentores. Isto permite-lhe detetar comportamentos anormais, como o acesso não autorizado a ficheiros sensíveis ou modificações do kernel.

2. Automatizar actualizações: Certifique-se de que os seus contentores e imagens são actualizados regularmente com as versões seguras mais recentes. Utilize sistemas de implementação contínua (CI/CD) para automatizar este processo.

3. Examinar imagens antes da implantação: Integre ferramentas de segurança como Trivy e Clair em seus pipelines de CI/CD para examinar imagens antes de colocá-las em produção. Isto torna possível bloquear quaisquer implementações que contenham vulnerabilidades críticas.

Workshop 3. Docker

Parte 1: Comandos básicos do Docker

1. Instalar o Docker

sudo apt install docker.io

2. Iniciar o serviço Docker sudo systemctl start docker

3. Verificar a instalação do Docker docker --version

4. Listar imagens do Docker

5. Listar os contentores atualmente em execução docker ps

6. Criar um contentor interativo

docker run -it ubuntu /bin/bash

7. Iniciar um contentor em segundo plano docker run -d nginx

8. Executar um comando num contentor em execução docker exec -it container_id /bin/bash

9. Parar um contentor em execução docker stop container_id

10. Eliminar um contentor pára docker rm container_id

Parte 2: Criar uma imagem a partir de um contentor

1. Criar um contentor básico

```
docker run -d --name my-container ubuntu
```

2. Personalizar o contentor

```
docker exec -it meu-recipiente /bin/bash
```

3. Criar uma imagem a partir do contentor personalizado** docker commit my-container my-image:v1

4. Listar imagens para verificar a nova imagem** imagens docker

5. Eliminar o contentor da doca stop my-container docker rm my-container

6. Executar um contentor de base na nova imagem docker run -it my-image:v1 /bin/bash

7. Faça alterações ao contentor base na imagem e instale python no contentor apt-get install python3

8. Criar uma nova versão da imagem docker commit my-container my-image:v2

9. **Lista de imagens para verificar a nova versão** imagens docker

10. Eliminar o contentor com base na imagem antiga docker stop my-image:v1 docker rm my-image:v1

Parte 3: Usando a compilação do docker

Para esta secção, vamos utilizar um exemplo concreto, criando uma imagem Docker para um servidor Web Nginx personalizado.

1. Criar um diretório para o seu projeto

mkdir meu_projecto_nginx

cd meu_projecto_nginx

2. Criando um Dockerfile

```
gedit Dockerfile
```

Este ficheiro conterá as instruções para construir a imagem Docker.

```
#   Usar uma imagem de base do Nginx
DE nginx:latest
#   Copiar um ficheiro de configuração personalizado para o contentor
COPIAR nginx.conf /etc/nginx/nginx.conf
```

3. Criar um ficheiro de configuração Nginx personalizado

Crie um ficheiro de configuração Nginx personalizado chamado "nginx.conf" no mesmo diretório que o seu Dockerfile com as configurações desejadas.

Exemplo de uma configuração personalizada do Nginx

servidor {

ouvir 80;

nome_do_servidor exemplo.com;

localização / {

root /usr/share/nginx/html;

índice index.html;

}

}

4. Criar uma imagem a partir do Dockerfile

Utilize o seguinte comando para criar uma imagem a partir do Dockerfile localizado no diretório atual:

```
docker build -t my-nginx-personalise:1.0 .
```

5. Listar imagens para verificar a nova imagem

```
imagens docker
```

6. Executar um contentor base na imagem construída

```
docker run -d -p 8080:80 mon-nginx-personnalise:1.0
```

7. Verificar a execução do contentor

Abra um navegador Web e aceda **a 'http://localhost:8080'** para ver se o Nginx funciona com a sua configuração personalizada.

8. Parar e eliminar o contentor

docker stop container_id

docker rm container_id

9. Limpar contentores e imagens não utilizados

Para limpar os contentores e imagens não utilizados, execute os seguintes comandos: docker container prune docker image prune

10. Eliminar imagem local

```
docker rmi my-nginx-customized: 1.0
```

Parte 4: usando o Docker Compose

Para esta parte, vamos usar um exemplo concreto, criando um ambiente Docker Compose para uma aplicação Web Python baseada em Flask e um servidor de base de dados MySQL. Certifique-se de que tem o Docker Compose instalado no seu sistema.

Instalação do Docker compose :

```
sudo apt install docker-compose
```

1. Criar um diretório para o seu projeto

mkdir meu_projecto_flask

cd meu_projecto_flask

2. Criar um ficheiro 'docker-compose.yml

Crie um ficheiro "docker-compose.yml" no diretório do projeto. Este ficheiro definirá a configuração da sua aplicação e contém as seguintes instruções:

versão: "3
serviços:
web:
imagem: python:3.8-slim
comando: python app.py
volumes:
-     ./app:/app
portos:
-     5000:5000
db:
imagem: mysql:5.7
ambiente:
MYSQL_ROOT_PASSWORD: my-secret-pw
MYSQL_DATABASE: mydb
MYSQL_USER: meu utilizador
MYSQL_PASSWORD: a minha palavra-passe

3.   Criar um diretório 'app' para a sua aplicação Flask

```
mkdir app
```

4.   Crie um ficheiro 'app.py' para a sua aplicação Flask

Crie um ficheiro 'app.py' no diretório 'app' com o seu código Flask.

```
from flask import Flask
```

import mysql.connector app = Flask(nome   )
@app.route('/') def hello():
return 'Olá, Mundo!'   ifname==   '   main_
app.run(host='0.0.0.0')

5.   Executar 1 aplicação com o Docker Compose

No diretório principal do seu projeto, execute o seguinte comando para iniciar os serviços definidos no ficheiro 'docker-compose.yml':

```
docker-compose up -d
```

6.   Verificar a aplicação Flask

Abra um navegador Web e aceda a "http://localhost:5000" para verificar se a sua aplicação Flask está a ser executada.

7.   Parar os serviços do Docker Compose

Para parar os serviços, execute o seguinte comando no diretório principal do seu projeto:

```
docker-compose down
```

8.   Eliminar contentores e volumes do Docker Compose

Se pretender eliminar completamente os contentores e volumes criados pelo Docker Compose, utilize o seguinte comando :

```
docker-compose down -v
```

Parte 5: Implantar um aplicativo Python com o Docker

Nesta parte, implantaremos um aplicativo simples do Python Flask usando uma imagem real do Python usando o Docker Compose. Siga estas 10 etapas para realizar essa tarefa:

1.   Criar um diretório para o seu projeto

Crie um diretório dedicado para o seu projeto Docker:

mkdir meu_projecto_python
cd meu_projecto_python

2.   Criando um Dockerfile

Crie um Dockerfile no diretório do seu projeto. Este ficheiro irá conter instruções para construir a imagem Docker para a sua aplicação Python Flask.

gedit Dockerfile

Utilizar uma imagem de base Python

DE python:3.8-slim
Definir o diretório de trabalho no contentor WORKDIR /app
Copiar o ficheiro de dependências Python COPY requirements.txt .
Instalar as dependências do Python
RUN pip install --no-cache-dir -r requirements.txt
Copiar o código fonte para o ficheiro COPY .
Comando predefinido para executar a aplicação CMD ["python", "app.py"].

3.   Criar um ficheiro .txt com os requisitos

Crie um ficheiro 'requirements.txt' para listar as dependências da sua aplicação Python Flask. Por exemplo: flask=2.0.1

4.   Crie um diretório 'app' para a sua aplicação Python mkdir app

5.   Crie um ficheiro 'app.py' para a sua aplicação Python Flask

Crie um ficheiro 'app.py' no diretório 'app' com o seu código Flask Python. Aqui está um exemplo simples

from flask import Flask app = Flask(nome   )
@app.route('/') def hello():
return 'Olá, Mundo!'   ifname==   '   main   ':
app.run(host='0.0.0.0')

6.   Criar um ficheiro 'docker-compose.yml

Crie um ficheiro "docker-compose.yml" no diretório principal do seu projeto para definir a configuração da sua aplicação e dos serviços associados.

versão: "3
serviços:
aPP:
construir:
contexto: .
dockerfile: Dockerfile
portos:
- 5000:5000

7.   Criar a imagem do Docker

Execute o seguinte comando para construir a imagem Docker a partir do Dockerfile: docker-compose build

8.   Executar a aplicação com o Docker Compose

Inicie a aplicação executando o serviço definido no ficheiro 'docker-compose.yml': docker-compose up -d

9.   Verificar a aplicação Flask

Abra um navegador Web e aceda a ' http://localhost: 5000' para verificar se a sua aplicação Python Flask está a funcionar corretamente.

10. Parar e limpar os contentores do Docker Compose

Para interromper os serviços do Docker Compose, execute o seguinte comando no diretório principal do seu projeto:

docker-compose down

Se também pretender eliminar completamente os contentores e volumes criados pelo Docker

Compose, utilize o seguinte comando :

```
docker-compose down -v
```

Pipeline de CI/CD com Jenkins

Apresentação do Jenkins

❖ Dedicado ao DevOps, o Jenkins é uma ferramenta de integração contínua de código aberto (sob licença MIT) desenvolvida em Java.

❖ Cada vez que o código de uma aplicação é modificado no gerenciador de configuração, o Jenkins recompila e testa-o automaticamente.

❖ Para esta segunda fase, o Jenkins integra a estrutura de teste de código aberto JUnit. Se for detectado um erro, o Jenkins alerta o programador para que este possa resolver o problema.

❖ Trata-se obviamente de um processo muito vantajoso para um projeto de desenvolvimento.

❖ Bifurcação da ferramenta Hudson, o Jenkins é suportado por um servidor de servlets, como o Apache Tomcat, ou pode basear-se no seu próprio servidor Web incorporado.

❖ Acessível através de um navegador Web, é compatível com os sistemas de gestão de versões mais populares, como o Git e o Subversion. Como padrão, suporta pipelines de integração contínua (CI) baseados nas ferramentas de construção Apache Ant e Apache Maven.

Plugins Jenkins

Através do seu Centro de Atualização, o Jenkins oferece 1500 plugins para alargar o seu ambiente de integração contínua. Entre os mais populares estão o :

S **Dashboard View Plugin** para monitorizar o estado das tarefas,

S **Plugin de monitorização** que mede o desempenho do trabalho,

S **Kubernetes Plugin** que gerencia a implantação de agentes Jenkins em uma infraestrutura Kubernetes,

S **Multijob Plugin** que é dimensionado para orquestrar a execução de tarefas complexas sequencialmente,

S **API do GitHub** que agenda e inicia compilações com base no código extraído do GitHub,

O cliente S **Git** fornece uma API Git para plugins Jenkins.

Tipos de pipelines Jenkins

Os pipelines Jenkins são fluxos de trabalho que podem ser **complexos, descrevendo todas as etapas de um processo de integração contínua.** Estes pipelines **são declarados em ficheiros** chamados **Jenkinsfiles.**

Os JenkinsFiles podem ser **escritos** utilizando **dois tipos de sintaxe** baseados na **DSL Groovy:**

1. **Pipeline Declarativo :**

O pipeline declarativo é uma forma simplificada e estruturada de definir pipelines no Jenkins usando diretivas predefinidas.

```groovy
pipeline {
    agent any
    stages {
        stage('Build') {
            steps {
                // Étapes de construction (compilation, tests...)
                echo 'Building...'
            }
        }
        stage('Test') {
            steps {
                // Étapes de test
                echo 'Testing...'
            }
        }
        stage('Deploy') {
            steps {
                // Étapes de déploiement
                echo 'Deploying...'
            }
        }
    }
}
```

Descrição do oleoduto :

O pipeline de script usa um script Groovy completo para definir o pipeline. Aqui está um exemplo:

```groovy
node {
    stage('Build') {
        // Étapes de construction
        echo 'Building...'
    }
    stage('Test') {
        // Étapes de test
        echo 'Testing...'
    }
    stage('Deploy') {
        // Étapes de déploiement
        echo 'Deploying...'
    }
}
```

Arquitetura Jenkins

S Jenkins utiliza **uma** arquitetura **mestre/agente(s)**, com   o **iuriid**

O Jenkins master contém todas as suas configurações. O **master orquestra** e **controla a execução** de todos os **fluxos de trabalho** definidos em **pipelines** e executados em **nós de agentes**. Existem dois tipos de newel: **agentes estáticos** e agentes **dinâmicos** (provisionados conforme necessário).

S **Os na'iids estáticos** são instalados diretamente nas VMs, enquanto **os na'iids dinâmicos são aprovisionados** em **clusters kubernetes** ou em **contentores**. O **mestre** também pode ser instalado num **cluster kubernetes**.

S Para comunicar com os agentes, o mestre utiliza o **protocolo SSH, o protocolo JNLP** (porta 5000) ou **chamadas API**.

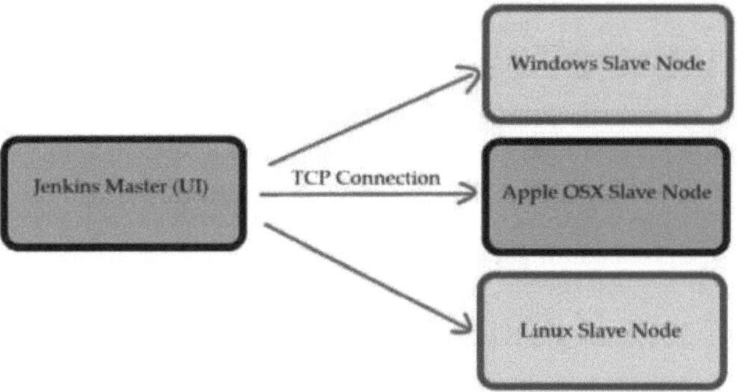

Arquitetura de um cluster Jenkins

Workshop 4. Configurando um pipeline CI/CD com Jenkins

Parte 1. Preparação do ambiente de trabalho

Passo 1: Abra o terminal e rëcupërer o diretório sample-app do github com o comando :

git clone http://github.com/AbirKaldi/sample-app

Passo 2: Dëplacer o diretório sample-app na sua própria conta do github.

Parte 2. Baixe e execute a imagem do Jenkins Docker

Nesta parte, você vai tëlëload a imagem Jenkins Docker.Você vai então dëmarket uma instância da imagem e vëverify que o servidor Jenkins está executando exëcution.

Passo 1. Carregar a imagem do Jenkins Docker

A imagem do Jenkins Docker é stockëe aqui: https://hub.docker.com/r/jenkins/jenkins.Au no momento da escrita deste laboratório, isto spëcifies que você usa o comando docker pull jenkins/jenkins para tëlëload o recipiente Jenkins mais recente.Você deve obter um resultado semelhante ao seguinte:

devasc@labvm:~# **docker pull jenkins/jenkins:lts** lts: Pulling from jenkins/jenkins 3192219afd04: Pulling fs layer 17c160265e75: Pulling fs layer cc4fe40d0e61: Extraindo camada fs 9d647f502a07: Extraindo camada fs d108b8c498aa: Extraindo camada fs 1bfe918b8aa5: Extração completa dafa1a7c0751: Extração completa 650a236d0150: Extrair completo cba44e30780e: Extrair completo 52e2f7d12a4d: Extrair completo d642af5920ea: Extrair completo e65796f9919e: Extrair completo 9138dabbc5cc: Extrair completo f6289c08656c: Puxar completo 73d6b450f95c: Puxar completo a8f96fbec6a5: Puxar completo 9b49ca1b4e3f: Puxar completo d9c8f6503715: Puxar completo 20fe25b7b8af: Puxar completo
Digest: sha256:717dcbe5920753187a20ba43058ffd3d87647fa903d98cde64dda4f4c82c5c48 Estado: Descarregada imagem mais recente para jenkins/jenkins :lts docker.io/j enkins/j enkins:lts
devasc@labvm:~/labs/devnet-src/jenkins/sample-app$

Passo 2. Faça o dëmarry do contêiner Docker do Jenkins.Digite o seguinte comando de uma linha.Talvez seja necessário copiá-lo em um editor de texto se você estiver visualizando uma versão em PDF deste laboratório para evitar quebras de linha.Esse comando fará o dëmarry do contêiner Docker do Jenkins e, em seguida, permitirá comandos Docker Гсхëсийсп dentro do seu servidor Jenkins.

devasc@labvm:~/labs/devnet-src/jenkins/sample-app$ **docker run --rm -u root -p 8080:8080 -v jenkins-data:/var/jenkins_home -v $(which docker):   /usr/bin/docker-v /var/run/docker.sock:/var/run/docker.sock -v "$HOME":/home --name jenkins_server jenkins/jenkins:lts**
As opções úteis neste comando **docker run** são as seguintes:

o **-rm** - Esta opção exclui automaticamente o contêiner Docker quando você para de exëcutá-lo.

o **-u** - Esta opção especifica o utilizador. Você quer que este contêiner Docker exëcute como root para que todos os comandos Docker inseridos no servidor Jenkins sejam autorisëes.

o **-p** - Esta opção especifica a porta na qual o servidor Jenkins irá exëgir localmente.

o **-v** - Estas opções ligam os volumes de montagem rkcessários para Jenkins e Docker. O primeiro **-v** spëcifies onde os domkes Jenkins serão stockëes. O segundo **-v** spëcifies or get Docker para que você possa exëcutar o Docker no contêiner Docker que exëcuta o servidor Jenkins. O terceiro **-v** spëcifies a variável PATH para o diretório base.

Passo 3. VC'rinez que o servidor Jenkins está em execução ^xë^й^.

O servidor Jenkins deve agora estar a funcionar ^xë^от. Copie a senha de administrador que aparece na saída, conforme indicado na próxima seção.

Não introduza quaisquer comandos nesta janela do servidor. Se parar acidentalmente o servidor Jenkins, terá de introduzir novamente o comando docker run do passo 2 acima. Após a instalação inicial, a palavra-passe de administrador é apresentada conforme mostrado abaixo.

```
<output omitido>
É necessária a configuração inicial do Jenkins, tendo sido criado um utilizador administrador e gerada uma palavra-passe.
Utilize a seguinte palavra-passe para prosseguir com a instalação:
77dc402e31324c1b917f230af7bfebf2<--A sua palavra-passe será diferente
Esta também pode ser encontrada em: /var/jenkins_home/secrets/initialAdminPassword
<output omitido>
2020-05-12 16:34:29.608+0000 [id=19] INFO hudson.WebAppMain$3#run: O Jenkins está totalmente instalado e a funcionar
```

Nota: Se você perder a senha, ou ela não for exibida como indiqik acima, ou se você precisar reëstart o servidor Jenkins, você ainda pode rëcupërer a senha ajudando na linha de comando do contêiner Jenkins Docker. Crie uma segunda janela de terminal no VS Code e insira os seguintes comandos para não parar o servidor Jenkins...:

devasc@labvm:~ # **docker exec -it jenkins_server /bin/bash**

root@19d2a847a54e:/# **cat /var/jenkins_home/secrets/initialAdminPassword**

77dc402e31324c1b917f230af7bfebf2

root@19d2a847a54e:/# **exit** exit

devasc@labvm:~/labs/devnet-src/jenkins/sample-app$

Nota: O seu ID de contentor (19d2a847a54e destacado acima) e a palavra-passe serão diferentes.

Passo 4. Estude os níveis de abstração atualmente em execução no seu computador.

O seguinte diagrama ASCII mostra os níveis de abstração nesta implementação do Docker Inside-Docker (dind), um nível de complexidade que não é invulgar nas redes e infra-estruturas de nuvem actuais.

```
     ++
|Sistema operativo do seu computador | ++        |
|DEVASC VM | | |
| | ++ | |
| | Contentor Docker | | | |
| | | ++    | | |
| | | Servidor Jenkins | | | | Servidor Jenkins
| | | | ++   | | | |
| | | Contentor Docker| | | | | | |
| | | | ++   | | | |
| | | ++    | | |
| | ++ | |
| ++  |
     ++
```

Parte 3. Configurando o Jenkins

Nesta secção, irá completar a configuração inicial do servidor Jenkins.

Passo 1: Abrir um separador do navegador Web.

Aceda **a http://localhost:8080/** e inicie sessão com a sua palavra-passe de cópia.

Passo 2. Instale os plug-ins recomendados do Jenkins.

Clique em **Instalar os plug-ins sugeridos** e aguarde que o Jenkins descarregue e instale os plug-ins. Na janela do terminal, verá mensagens de registo à medida que a instalação prossegue. Certifique-se de não fechar esta janela de terminal. Você pode abrir outra janela de terminal para acessar a linha de comando.

Passo 3. Ignorar a criação de um novo utilizador administrador.

Quando a instalação estiver concluída, será apresentada a janela **Criar primeiro utilizador administrador**. Por agora, clique em **Ignorar e continuar como administrador** na parte inferior.

Passo 4. Ignorar a criação de uma configuração de instância.

Na janela **Configuração de Instância**, não altere nada e clique em **Guardar e Concluir** na parte inferior.

Passo 5. Comece a usar o Jenkins.

Na janela seguinte, clique em **Começar a usar o Jenkins**. Agora deve estar no painel principal com uma mensagem **Bem-vindo ao Jenkins!**

Parte 4: Usando o Jenkins para executar uma versão do seu aplicativo

A unidade fundamental do Jenkins é o trabalho (também conhecido como projeto). É possível criar trabalhos que executam uma variedade de tarefas, incluindo as seguintes:

o Rëcupërez o código de um repositório de gestão de código-fonte, como o GitHub.

o Criar uma aplicação utilizando um guião ou uma ferramenta de construção.

o Empacotar uma aplicação e executá-la num servidor

Passo 1. Criar uma nova tarefa.

a. Clique na ligação **Criar um emprego** diretamente abaixo da página de mensagem **Bem-vindo ao Jenkins!** Também pode clicar em **Novo item** no menu do lado esquerdo.

b. No campo **Introduzir um nome de elemento**, introduza o nome **BuildAppJob**.

c. Na descrição, a abreviatura SCM significa Software Configuration Management (Gestão da Configuração do Software), que é uma classificação de software responsável pelo acompanhamento e controlo das alterações efectuadas ao software.

d. Desloque-se para a parte inferior e clique em **OK**.

Passo 2. Configurar o Jenkins BuildAppJob.

Os separadores na parte superior são apenas atalhos para as secções abaixo. Clique nos separadores para explorar as opções que pode configurar. Para esta tarefa simples, só precisa de adicionar alguns detalhes de configuração.

e. Clique no separador **General (Geral)** e adicione uma descrição do seu trabalho, por exemplo, **"My first Jenkins job" (O meu primeiro trabalho na Jenkins)**.

f. Clique no separador **Gestão de código-fonte** e clique no botão de rádio **Git**. No campo URL do repositório, adicione a ligação do repositório GitHub para a aplicação de amostra, tendo o cuidado de introduzir o seu nome de utilizador sensível a maiúsculas e minúsculas. Por exemplo :

https://github.com/github-nom_utilisateur/sample-app.git

g. Para **Credenciais**, clique no botão **Adicionar** e selecione **Jenkins**.

h. Na caixa de diálogo **Adicionar credenciais**, insira seu nome de usuário e senha do GitHub e clique em **Adicionar**.

Nota: receberá uma mensagem de erro indicando que a ligação falhou. Isto deve-se ao facto de ainda não ter selecionado os dados de acesso.

i. Na lista pendente **Credenciais**, onde atualmente diz **Nenhuma**, escolha as credenciais que acabou de configurar.

j. Depois de **adicionar** o URL e as credenciais corretas, o Jenkins testa o acesso ao repositório. Não deve receber uma mensagem de erro. Se receber, verifique o URL e as credenciais.

porque, nesta fase, não há forma de apagar os que já tem.

k. Na parte superior da janela de configuração **BuildAppJob**, clique no separador **Build**.

l. Na lista pendente **Adicionar passo de construção**, selecione **Executar shell**.

m. No campo **Comando**, introduza o comando que está a utilizar para executar o script de compilação para sample-app.sh.

bash./sample-app.sh

n. Clique no botão **Salvar** e você voltará ao painel do Jenkins com o **BuildAppJob** selecionado.

Passo 3. Diga ao Jenkins para construir a aplicação.

No lado esquerdo, clique em **Build Now (Construir agora)** para iniciar o trabalho. O Jenkins descarregará o seu repositório Git e executará o comando de construção **bash ./sample-app.sh.** A sua construção deverá ser bem sucedida porque não alterou nada no código desde a parte 3, quando modificou o código.

Passo 4. Aceder aos pormenores de construção.

À esquerda, na secção **Histórico de compilações**, clique no seu número de compilação, que deve ser **o número 1**, a menos que tenha criado a aplicação várias vezes.

Passo 5. Apresentar a saída da consola.

À esquerda, clique em **Saída do console**. Você deve ver um resultado semelhante ao seguinte. Observe as mensagens de sucesso na parte inferior e a saída do comando **docker ps - a**. Dois contêineres docker estão em execução: um para seu aplicativo de amostragem em execução na porta local 5050 e um para Jenkins na porta local 8080.

```
Iniciado por user admin
Funcionamento como SISTEMA
Construção no espaço de trabalho /var/jenkins_home/workspace/BuildAppJob
utilizando a credencial 0cf684ea-48a1-4e8b-ba24-b2fa1c5aa3df
Clonar o repositório Git remoto
Clonagem do repositório https://github.com/github-user/sample-app
>       git init /var/jenkins_home/workspace/BuildAppJob # timeout=10
Obtendo alterações do upstream em https://github.com/github-user/sample-app
>       git -version # timeout=10
usando GIT_ASKPASS para definir credenciais
>       git fetch -tags -progress - https://github.com/github-user/sample-app +refs/heads/*:refs/remotes/origin/* # timeout=10
>       git config remote.origin.url https://github.com/github-user/sample-app # timeout=10
>       git config -add remote.origin.fetch +refs/heads/*:refs/remotes/origin/* # timeout=10
>       git config remote.origin.url https://github.com/github-user/sample-app # timeout=10
Obtendo alterações do upstream em https://github.com/github-user/sample-app
usando GIT_ASKPASS para definir credenciais
>       git fetch -tags -progress - https://github.com/github-user/sample-app +refs/heads/*:refs/remotes/origin/* # timeout=10
>       ^git rev-parse refs/remotes/origem/master {commit} # timeout=10
>       ^git rev-parse refs/remotes/origem/origem/master {commit} # timeout=10
A verificar a revisão 230ca953ce83b5d6bdb8f99f11829e3a963028bf (refs/remotes/origin/master)
>       git config core.sparsecheckout # timeout=10
>       git checkout -f 230ca953ce83b5d6bdb8f99f11829e3a963028bf # timeout=10
Mensagem de compromisso: "Mudou os números de porta de 8080 para 5050"
>       git rev-list -no-walk 230ca953ce83b5d6bdb8f99f11829e3a963028bf # timeout=10
[BuildAppJob] $ /bin/sh -xe /tmp/jenkins1084219378602319752.sh
+ bash./sample-app.sh
Enviando contexto de compilação para o daemon do Docker 6.144kB
Passo 1/7 : DE python
-       --> 4f7cd4269fa9
Passo 2/7 : EXECUTAR o pip install flask
```

-      --> Utilizar a cache
-      --> 57a74c0dff93
Passo 3/7 : COPIAR ./static /home/myapp/static/
-      --> Utilizar a cache
-      --> aee4eb712490
Passo 4/7 : COPIAR ./templates /home/myapp/templates/
-      --> Utilizar a cache
-      --> 594cdc822490
Passo 5/7 : COPIAR sample_app.py /home/myapp/
-      --> Utilizar a cache
-      --> a001df90cf0c
Etapa 6/7 : EXPOSE 5050
-      --> Utilizar a cache
-      --> eae896e0a98c
Passo 7/7 : CMD python3 /home/myapp/sample_app.py
---> Utilizar a cache
---> 272c61fddb45
Construído com sucesso 272c61fddb45
Marcado com sucesso sampleapp:latest
9c8594e62079c069baf9a88a75c13c8c55a3aeaddde6fd6ef54010953c2d3fbb
CONTENTOR ID IMAGEM COMANDO CRIADO ESTADO PORTAS NOMES
9c8594e62079 sampleapp "/bin/sh -c 'python ..." Menos de um segundo atrás Up Menos de um segundo 0.0.0.0:5050->5050/tcp samplerunning
e25f233f9363 jenkins/jenkins:lts "/sbin/tini -- /usr/." 29 minutos atrás Acima 29 minutos 0.0.0.0:8080->8080/tcp, 50000/tcp jenkins_server
Terminado: SUCESSO

Passo 6. Abra outro separador do navegador Web e verifique se a aplicação de amostra está a ser executada.

Introduza o endereço local, **localhost: 5050**. Deverá ver o conteúdo do seu ficheiro index.html em azul claro com o **texto You are calling me from 172.17.0.1** affichd como H1.

Parte 5. Usando o Jenkins para testar uma compilação

Nesta parte, irá criar uma segunda tarefa que testa a construção para se certificar de que está a funcionar corretamente.

Nota: É necessário parar e eliminar o contentor doca **samplerunning**.

devasc@labvm:~/labs/devnet-src/jenkins/sample-app$ **docker stop samplerunning** samplerunning

devasc@labvm:~/labs/devnet-src/jenkins/sample-app$ **docker stop samplerunning** samplerunning

Passo 1. Inicie uma nova tarefa para testar a sua aplicação de amostra.

o.   Regresse ao separador do navegador Web Jenkins e clique na ligação **Jenkins** no canto superior esquerdo para regressar ao painel de controlo principal.

p.   Clique na ligação **Novo item** para criar uma nova tarefa.

q.   No campo Introduzir um nome, introduza o nome **TestAppJob**.

r.   Clique em **Projeto Freestyle** como o tipo de trabalho.

s.   Desloque-se para a parte inferior e clique em **OK**.

Passo 2. Configurar o Jenkins TestAppJob.

t.   Adicione uma descrição do seu trabalho, por exemplo, "O meu primeiro teste Jenkins.

u.   Deixe a Gestão do código fonte definida como **Nenhum**.

v.   Clique no separador **Accionadores de construção** e assinale a caixa **Construir depois de outros projectos serem construídos**. Em **Projectos a observar**, introduza o nome **BuildAppJob**.

Passo 3. Escreva o script de teste que deve ser executado após uma versão estável do

BuildAppJob.

w. Clique no separador **Construir**.

x. Clique em **Adicionar passo de construção** e selecione **Executar shell**.

y. Introduza o seguinte script.O comando **if** tem de estar numa única linha, incluindo o **;** **then**.Este comando **grep** a saída devolvida pelo comando cURL para ver se **o comando if me chama de 172.17.0.1** é devolvido.Se for verdadeiro, o script sai com um código de 0, o que significa que não existem erros no **BuildAppJob**.Se for falso, o script sai com um código de 1, o que significa que o **BuildAppJob** falhou.

```
if curl http://172.17.0.1:5050/ | grep "You are calling me from 172.17.0.1"; then
saída 0
senão
saída 1
fi
```

z. Clique em **Guardar** e, em seguida, na ligação **Voltar ao painel de controlo**, no lado esquerdo.

Passo 4. Diga ao Jenkins para executar o BuildAppJob novamente.

aa. Actualize a página Web utilizando o botão de atualização do seu browser.

bb. Para o **BuildAppJob**, clique no botão de construção na extremidade direita (um relógio com uma seta).

Etapa 5. Verificar se as duas manchas estão completas.

Se tudo correr bem, deverá ver o carimbo de data/hora da atualização na coluna **Último sucesso** para **BuildAppJob** e **TestAppJob**. Isto significa que o seu código para as duas tarefas foi executado sem erros, mas também pode verificar isto por si próprio.

Nota: Se os carimbos de data/hora não forem actualizados, certifique-se de que a atualização automática está activada, clicando na ligação no canto superior direito.

cc. Clique na ligação para **TestAppJob**.under **Permaliens**, clique na ligação correspondente à sua versão mais recente e, em seguida, clique em **Console Output**.deverá ver um resultado semelhante ao seguinte:

Iniciado pelo projeto upstream "BuildAppJob" build number 13

causa originalmente por:

```
Iniciado por user admin
Funcionamento como SISTEMA
Construção no espaço de trabalho /var/jenkins_home/workspace/TestAppJob
[TestAppJob] $ /bin/sh -xe /tmp/jenkins1658055689664198619.sh
+ grep Está a chamar-me de 172.17.0.1
+ curl http://172.17.0.1:5050/
% Total % Recebido % Transferido Velocidade média Tempo Tempo Tempo Corrente
Dload Upload Total gasto Velocidade esquerda
0 0 0 0 0 0 0 0 --:--:-- --:--:-- --:--:-- 0
100 177 100 177 0 0 29772 0 --:--:-- --:--:-- --:--:-- 35400
<h1>Está a ligar-me de 172.17.0.1</h1>
+ exit 0
Terminado: SUCESSO
```

dd. Não precisa de verificar se a sua aplicação de amostra está a ser executada, uma vez que **o TestAppJob** já o fez por si, mas pode abrir um separador do browser para **172.17.0. 1:5050** para ver se está a ser executada.

Parte 6. Criando um pipeline no Jenkins

Embora atualmente seja possível executar ambas as tarefas simplesmente clicando no botão Criar agora para **BuildAppJob**, os projetos de desenvolvimento de software são normalmente muito mais complexos e podem se beneficiar muito de compilações automatizadas para a integração contínua de alterações de código e a criação contínua de compilações de desenvolvimento prontas para implantação.Um pipeline pode ser automatizado para ser executado com base em uma variedade de acionadores, incluindo periodicamente, com base em uma pesquisa do GitHub para alterações ou a partir de um script executado remotamente. No entanto, nesta parte, você escreverá um pipeline no Jenkins para executar seus dois aplicativos sempre que clicar no botão **Build Now** do pipeline.

Passo 1. Criar uma tarefa do Pipeline.

+ Clique na ligação **Jenkins** no canto superior esquerdo e, em seguida, em **Novo elemento**.

+- No campo **Introduzir um nome de item**, digite **SamplePipeline**.

4 Selecione **Pipeline** como o tipo de trabalho.

+- Desloque-se para a parte inferior e clique em **OK**.

Passo 2. Configure o trabalho SamplePipeline.

JI5 Na parte superior, clique nos separadores e examine cada secção da página de configuração.Note que existem várias fagões diferentes de dëclenching uma compilação.Para a tarefa **SamplePipeline**, vai declenchá-la manualmente.

+ Na secção **Pipeline**, adicione o seguinte script.

```
nó {
fase('Preparação') {
catchError(buildResult: 'SUCCESS') {
sh 'docker stop samplerunning'
sh 'docker rm samplerunning'
}
}
stage ('Build') {
construir 'BuildAppJob'
}
stage('Resultados') {
construir 'TestAppJob'
}
J
```

Este script efectua as seguintes operações:

As configurações distribuídas ou com vários nós destinam-se a condutas maiores do que a que está a construir neste laboratório e estão fora do âmbito deste curso.

o Na fase **de preparação, o SamplePipeline** verificará primeiro se todas as instâncias anteriores do contêiner docker **BuildAppJob** foram interrompidas e excluídas. Mas se ainda não houver um contêiner em execução, você receberá um erro. Portanto, você usa a função **catchError** para capturar erros e retornar um valor "SUCCESS".

o Na etapa **Build, o SamplePipeline** criará seu **BuildAppJob**.

o Na fase de **Resultados, o SamplePipeline** criará o seu **TestAppJob**.

Clique em **Salvar** e você voltará ao painel do Jenkins para a tarefa **SamplePipeline**.

Passo 3. Executar SamplePipeline.

Se você codificou seu script do Pipeline sem erros, a **Visualização do estágio** deve exibir três áreas verdes com o número de segundos que cada etapa levou para ser construída. Caso contrário, clique em Configurar à esquerda para retornar à configuração **do SamplePipeline** e verificar seu script do Pipeline.

Passo 4. Verifique a saída do SamplePipeline.

Clique na ligação da compilação mais recente em **Permaliens** e, em seguida, clique em **Saída da consola**. Deverá ver um resultado semelhante ao seguinte:

```
Iniciado por user admin
A funcionar no nível de durabilidade: MAX_SURVIVABILITY
[Pipeline] Início do Pipeline
Nó [Pipeline]
Em execução no Jenkins em /var/jenkins_home/workspace/SamplePipeline
[Pipeline] {
Fase [Pipeline]
[Pipeline] { (Preparação)
[Pipeline] catchError
[Pipeline] {
[Pipeline] sh
+ docker stop samplerunning
amostragem
[Pipeline] sh
+ docker rm samplerunning
amostragem
[Pipeline] }
[Pipeline] // catchError
[Pipeline] }
[Pipeline] // estágio
Fase [Pipeline]
[Pipeline] {(Build)
[Pipeline] construir (BuildAppJob)
Projeto de programação: BuildAppJob
Iniciar a construção: BuildAppJob #15
[Pipeline] }
[Pipeline] // estágio
Fase [Pipeline]
[Pipeline] { (Resultados)
[Pipeline] build (Construindo TestAppJob)
Projeto de programação: TestAppJob
Início da construção: TestAppJob #18
```

Workshop 5. Projeto Maven com Jenkins

Introdução

O objetivo de um projeto Maven com Jenkins é configurar a integração contínua (CI) para automatizar o processo de construção, teste e implementação de uma aplicação. O Maven é utilizado como uma ferramenta de gestão e construção de projectos, enquanto o Jenkins orquestra as fases de integração contínua.

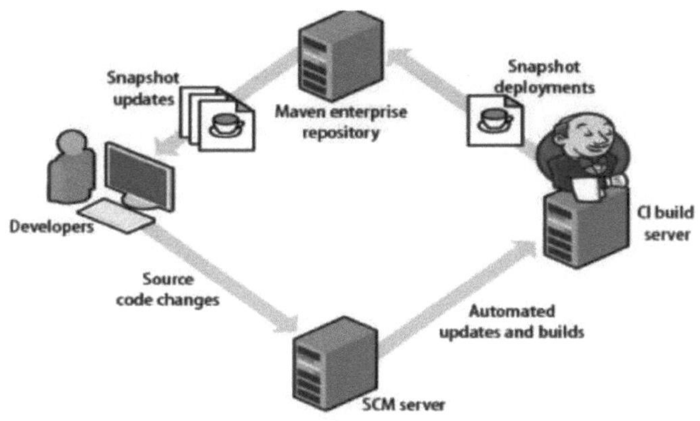

Executar um projeto Maven -

Manuseamento

Passo 1: Clonar o conteúdo do projeto com o comando git clone https: //github.
com/AbirKaldi/maven-proj ect

Mova o conteúdo para o seu github.

Passo 2: Instale o maven no jenkins com o comando: docker exec -it jenkins_server apt-get install
maven

Passo 3: Lançar o Jenkins em http://localhost: 8080
Passo 4: Criar um trabalho com um nome de tipo Maven_Pipeline

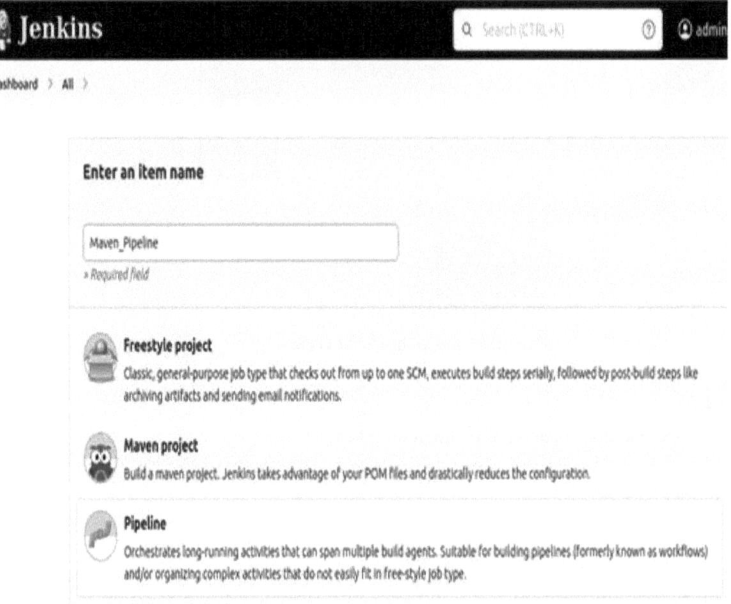

Passo 5. Especificar 1 URL do github

Passo 6. Criar o script do pipeline

```
pipeline {
  agent any

  stages {
    stage('Clean') {
       steps {
          sh 'mvn clean'
       }
    }
    stage('Compile') {
       steps {
          sh 'mvn compile'
       }
    }
    stage('Test') {
       steps {
          sh 'mvn test'
       }
    }
    stage('Package') {
       steps {
          sh 'mvn package'
       }
    }

  }
}
```

Passo 7. Inicie o pipeline com "Build now

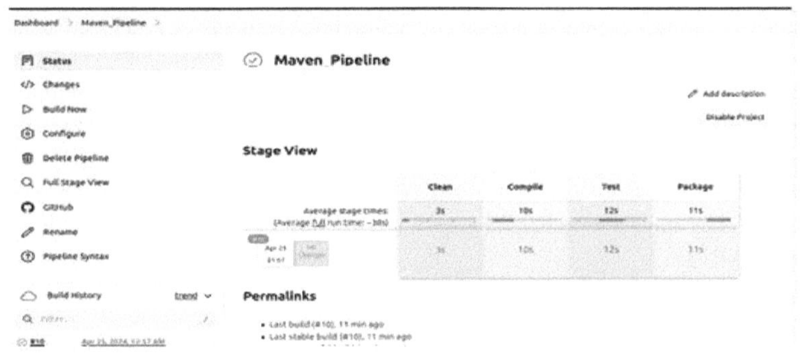

Introdução

Um cluster Jenkins é uma arquitetura na qual várias instâncias do Jenkins (chamadas newels) são configuradas para trabalhar em conjunto, a fim de distribuir tarefas de construção, teste e dëploiement em várias máquinas. Isso ajuda a melhorar o desempenho, gerenciar cargas de trabalho pesadas e garantir a alta disponibilidade de pipelines de intëgração contínua.

Aqui estão os principais componentes de um cluster Jenkins:

1. Jenkins Master (ou controlador): Esta é a instância principal do Jenkins que faz o agendamento de tarefas, monitora o status da compilação, distribui trabalhos para newels (agentes) escravos e fornece a interface do usuário. O mestre geralmente não deve executar compilações, mas focar na orquestração.

2. Agentes Jenkins (ou escravos): São as máquinas, virtuais ou físicas, que executam compilações e testes. Os agentes são controlados pelo mestre e recebem tarefas para executar. Isto permite paralelizar o processo de construção e distribuir a carga por vários newels.

3. Comunicação entre o mestre e os agentes: O mestre e os agentes comunicam através de protocolos como o SSH ou o JNLP (Java Network Launch Protocol). Jenkins envia tarefas para os agentes e rëcupëre os resultados depois de as tarefas terem sido executadas.

Vantagens de um cluster Jenkins :

4. Escalabilidade: Permite-lhe adicionar facilmente newels para gerir mais construções simultâneas.

5. Paralelismo: Várias compilações podem ser executadas em paralelo, reduzindo o tempo necessário para validar as alterações de código.

6. Resiliência: Se um agente se avariar, os outros nós continuam a funcionar, garantindo uma maior disponibilidade.

7. Isolamento de ambiente: Cada agente pode ter o seu próprio ambiente, permitindo que os projectos sejam testados e construídos em diferentes ambientes (por exemplo, diferentes versões de Java ou sistemas operativos).

Um cluster Jenkins é particularmente útil para projectos de grande escala que requerem processos CI/CD complexos e intensivos.

Manuseamento

Passo 1. Clone o seguinte depósito:

git clone https://github.com/AbirKaldi/jenkinsCluster

```
git clone https://github.com/AbirKaldi/jenkinsCluster
```

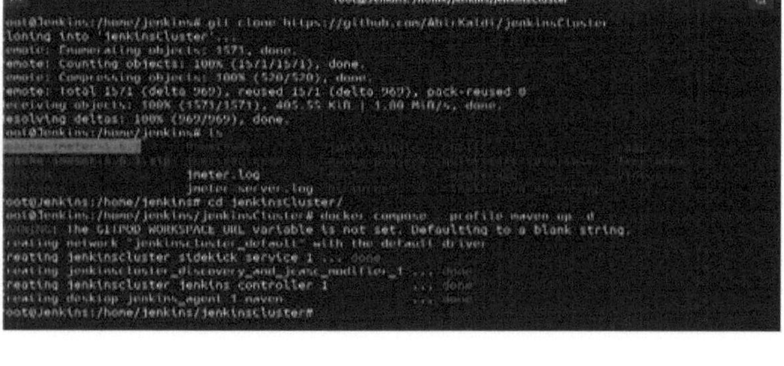

Passo 2. Vá para a pasta JenkinsCluster e inicie o cluster Jenkins com o comando :

```
docker-compose --profile maven up -d
```

Passo 3. Verifique se os contentores Jenkins foram lançados com o comando :

```
docker ps
```

Passo 4. Reinicie o lançamento do pipeline lab3 no cluster Jenkins.

Passo 5. Inicie a construção do pipeline e verifique o seu sucesso.

Passo 6. Agora, pare o contêiner desktop-jenkins_agent-1-maven com o comando :

```
docker stop desktop-jenkins_agent-1-maven
```

Etapa 6. Reinicie a compilação do pipeline e interprete o resultado.

Este livro foi concebido para lhe dar uma compreensão completa e prática do DevOps, desde os seus conceitos fundamentais até à sua integração em ambientes complexos. Através de explicações teóricas e workshops práticos, explorámos as ferramentas, os métodos e as tecnologias que fazem do DevOps uma abordagem essencial no mundo da engenharia de software moderna. O DevOps não é apenas uma questão de ferramentas ou práticas específicas: é uma cultura que visa quebrar os silos entre as equipas de desenvolvimento e de operações para incentivar a colaboração, a inovação e a entrega rápida e contínua de software de qualidade. Para além dos aspectos técnicos, este livro também destacou a importância da interação humana e da adaptação ao feedback para garantir o sucesso dos seus projectos. Ao continuar a sua jornada no mundo do DevOps, lembre-se de que a aprendizagem e a melhoria são constantes. As tecnologias evoluem rapidamente, mas os princípios fundamentais de colaboração, automação e capacidade de resposta às necessidades do mercado continuam a ser pilares essenciais. Esperamos que este livro lhe tenha dado as chaves não só para dominar as ferramentas, mas também para adotar a mentalidade DevOps no seu trabalho diário. A aventura não termina aqui: continue a explorar, testar e inovar nas suas práticas DevOps para construir o futuro dos sistemas de informação.

REFERÊNCIAS

1. Gene Kim, Jez Humble, Patrick Debois, John Willis - The DevOps Handbook: How to Create World-Class Agility, Reliability, & Security in Technology Organizations (IT Revolution Press, 2016).
2. Emily Freeman- DevOps for Dummies (For Dummies, 2020).
3. Marc Hornbeek - Engineering DevOps: Building World-Class Continuous Delivery Capabilities (Pearson, 2020).
4. Helen Beal - Accelerating DevOps: Transforming IT Operations (Apress, 2021).
5. Jez Humble, David Farley - Continuous Delivery: Reliable Software Releases through Build, Test, and Deployment Automation (Addison-Wesley, 2010).
6. Viktor Farcic - The DevOps 2.3 Toolkit: Kubernetes (Leanpub, 2020).
7. Kief Morris - Infrastructure as Code: Managing Servers in the Cloud (O'Reilly Media, 2020).
8. Stephen Fleming - DevOps: 2 livros em 1 - DevOps for Beginners & DevOps Handbook (publicado de forma independente, 2020).
9. Sander Rossel - Continuous Integration, Delivery, and Deployment (Packt Publishing, 2017).
10. Kim W. Ayers - Effective DevOps with AWS: Building a Scalable and Efficient Cloud Infrastructure (Packt Publishing, 2021).
11. Viktor Farcic - O kit de ferramentas DevOps 2.0: Automating the Continuous Deployment Pipeline with Containerized Microservices (Leanpub, 2016).
12. Ben Straub, Scott Chacon - Pro Git (Apress, 2014).
13. Nathen Harvey, Michael Cote - Chef: The DevOps Workflow (O'Reilly Media, 2017).
14. John Ferguson Smart - BDD in Action: Behavior-Driven Development for the Whole Software Lifecycle (Manning Publications, 2014).
15. Adam Hawkins - DevOps Handbook: Introduction to DevOps and How to Get Started with DevOps (publicado de forma independente, 2022).
16. Sam Newman - Building Microservices: Designing Fine-Grained Systems* (O'Reilly Media, 2021).
17. Michael Huttermann - DevOps for Developers: Continuous Integration, Delivery, and Deployment (Apress, 2021).
18. Sean P. Kane, Karl Matthias - Docker: Up & Running: Shipping Reliable Containers in Production (O'Reilly Media, 2020).

More
Books!

info@omniscriptum.com
www.omniscriptum.com
OMNIScriptum

Printed by Books on Demand GmbH, Norderstedt / Germany